历史的丰碑丛书

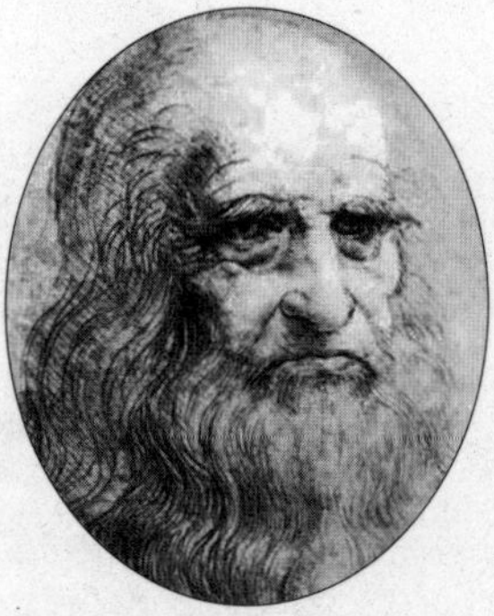

巨人时代的巨人
达·芬奇

李国红　编著

文学艺术家卷

吉林人民出版社

图书在版编目(CIP)数据

巨人时代的巨人——达·芬奇 / 李国红编著 . -- 长春 : 吉林人民出版社 , 2011.4（2025.4 重印）
（历史的丰碑丛书）
ISBN 978-7-206-07651-0

Ⅰ . ①巨… Ⅱ . ①李… Ⅲ . ①达·芬奇（1452～1519）—生平事迹—青年读物②达·芬奇（1452～1519）—生平事迹—少年读物 Ⅳ . ① K835.465.72-49

中国版本图书馆 CIP 数据核字 (2011) 第 037166 号

巨人时代的巨人 达·芬奇
JUREN SHIDAI DE JUREN DA FENQI

编　著:李国红
责任编辑:崔　晓　　　　　封面设计:孙浩瀚
制　作:吉林人民出版社图文设计印务中心
吉林人民出版社出版 发行(长春市人民大街7548号 邮政编码:130022)
印　刷:北京一鑫印务有限责任公司
开　本:787mm×1092mm　1/16
印　张:8　　　字　数:72千字
标准书号:ISBN 978-7-206-07651-0
版　次:2011年4月第1版　　印　次:2025年4月第3次印刷
定　价:35.00元

如发现印装质量问题,影响阅读,请与出版社联系调换。

编者的话

"欲知大道,必先为史"。

回溯人类的足迹,人们首先看到的总是那些在其各自背景和时点上标志着社会高度和进步里程的伟大人物。他们是历史的丰碑,是后世之鉴。

黑格尔说:"无疑,一个时代的杰出个人是特性,一般说来,就反映了这个时代的总的精神。"普希金说:"跟随伟大人物的思想是一门引人入胜的科学。"

以史为鉴,面向未来。作为21世纪的继往开来者,我们觉得,在知史基础上具有宽广的知识结构、开阔的胸襟和敏锐的洞察力应是首要的素质要求,而在历史的大背景

◆ 历史的丰碑丛书

中追寻丰碑人物的思想、风范和足迹,应是知史的捷径。

考虑到现代人时间的宝贵,我们期盼以尽量精短的篇幅容纳尽量丰富的信息,展现尽量宏大的历史画卷和历史规律。为此,我们编撰了这套丛书。

编撰丛书的过程,也是纵览历代风云、伴随伟人心路、吸收历史营养的过程。沉心于书页,我们随处感受着各历史时期伟大人物所体现的推动历史进步的人类征服力量。我们随着伟人命运及事业的坎坷与辉煌而悲喜,为他们思想的深邃精湛、行为的大气脱俗而会意感慨、拍案叫绝。

然而,在思想开始远游和精神获得享受的同时,我们也随之感受到历史脚步的沉重

编者的话

和历史过程的曲折。社会每前进一步都是艰难的，都伴随着巨大的痛苦和付出。历史的伟大在于它最终走向进步，最终在血污中诞生了鲜活的"婴孩"。

历史有继承性和局限性，不能凭空创造。伟人也有血肉，他们的思想、行为因此注定了同样具有历史的局限性和阶级的、时代的烙印；他们的功业建立于千千万万广大人民群众伟大创造的基础上。历史是人民群众创造的，伟大的人物们是历史和时代造就的。同时，我们也无法否定此间他们个人的努力。这也正是我们编撰这套丛书的目的。

我们期盼着这套丛书得到社会的认同，对读者，特别是青少年读者之历史感、成就感和使命感的培养有所裨益。史海浩瀚，群

◆ 历史的丰碑丛书

星璀璨。我们以对广大青少年读者负责的精神，精心遴选，以助力青少年成长进步，集结出版了《历史的丰碑》系列丛书，敬请读者批评、指正。

历史的丰碑丛书

编委会

策　划：胡维革　吴铁光
　　　　　林　巍　冯子龙
主　编：胡维革　邢万生
副主编：贾淑文　谷艳秋
编　委：（按姓氏笔画为序）
　　　　　于二辉　刘士琳
　　　　　刘文辉　孙建军
　　　　　李艳萍　吴兰萍
　　　　　杨九屹　隋　军

他是著名的文艺理论家、哲学家、发明家、科学家、建筑家、音乐家和数学家。最重要的是，他是意大利文艺复兴全盛时期最杰出的一位艺术大师。此人就是欧洲文艺复兴时代最著名的代表人物之一，有"旷世奇才"之美誉的列奥纳多·达·芬奇。他生于1452年的意大利，逝世于1519年的法国，恩格斯曾把他列为文艺复兴时代的第一个巨人。达·芬奇把艺术和科学、理智和情感、实体和精神，熔于一炉；同时，继承和发扬了前人的人文主义思想和现实主义的表现手法，把艺术推进到一个前所未有的高度，其中有几幅传世杰作，在美术史上，至今仍被奉为楷模，从而使他成为世界艺坛上的一代宗师，流芳百世，永垂不朽。

目 录

少年时代　　　　　　　◎ 001

达·芬奇画蛋　　　　　◎ 016

初露锋芒　　　　　　　◎ 027

《最后的晚餐》　　　　◎ 037

惊人的才能　　　　　　◎ 056

永没完成的作品　　　　◎ 068

两位伟人的竞赛　　　　◎ 080

怀才不遇的一生　　　　◎ 088

不知疲倦的万能巨匠　　◎ 100

历史的丰碑丛书

巨人时代的巨人　**达·芬奇**

少年时代

> 所谓天才，就是天生比常人更具耐性而已。
>
> ——布封
>
> 伟大的杰作往往产生于微小努力的积累，而不是产生于一次重大的努力。
>
> ——勒朋

1452年4月15日，列奥纳多·达·芬奇诞生于佛罗伦萨附近芬奇镇的安基亚诺村。父亲赛尔·比埃罗·达·芬奇是一位有名的公证人，佛罗伦萨大行会的会员。母亲卡德琳娜是当地一位贫苦农家的少女。达·芬奇是一个私生子，他出世不久，父亲就遗弃了母亲，和一位有社会地位的女人结了婚。达·芬奇生性活泼、爱动，好奇心极强，总爱问"为什么"，深得母亲的喜爱。在他5岁那年，由于继母不能生育，父亲便强行把他领回去抚养，而亲生母亲却由于生活无所寄托而嫁给了一位农民，不长时间就在贫病中死去了。没过多久，继母又去世了，父亲续弦，继室仍

←古娜瓦·达·本奇的肖像

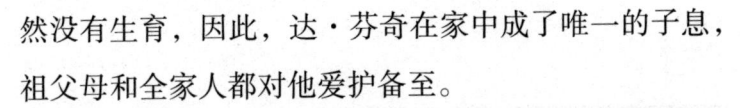

然没有生育，因此，达·芬奇在家中成了唯一的子息，祖父母和全家人都对他爱护备至。

达·芬奇的家庭非常富有，三世同堂，和睦相处，感情融洽。又兼曾祖父、祖父、父亲几辈都是受过良好教育的人，所以非常重视对达·芬奇的引导和教育。在祖父的庄园里，人们经常会看到达·芬奇双手托腮、聚精会神地听祖父讲着什么。达·芬奇的记忆力极佳，他能把祖父所讲的东西，一字不漏地表述出来。父亲也时常把他带离家门，到外面的世界去开阔胸襟，增长见识。就这样，幼年时代的达·芬奇受到了良好的知识文化熏陶，健康地成长起来。

芬奇村是一个庄严静穆的小山村，自然环境十分优雅、秀丽。那里青峦叠翠，流水悠悠，蜿蜒曲折。数不清的参天大树高耸入云，林中鸟雀成群，鸣声悦耳。山巅上古堡矗立，巍然壮观；山麓间有无数的葡萄、橄榄等枝繁叶茂的果树，气息芬芳。

童年时代的达·芬奇酷爱大自然的景色，对大自然怀有无比的向往之情。他常常黎明即起，出没于深山野林、花木草丛之中，欢呼雀跃，流连忘返。他有时攀折鲜花、摘取果实，然后加以细细品味。他对一切都表现出那么大的兴趣，乐此不疲。有时，他坐在草地上观察鸟雀从平地飞起，在蓝天翱翔，一连几个

← 抱白貂的夫人肖像

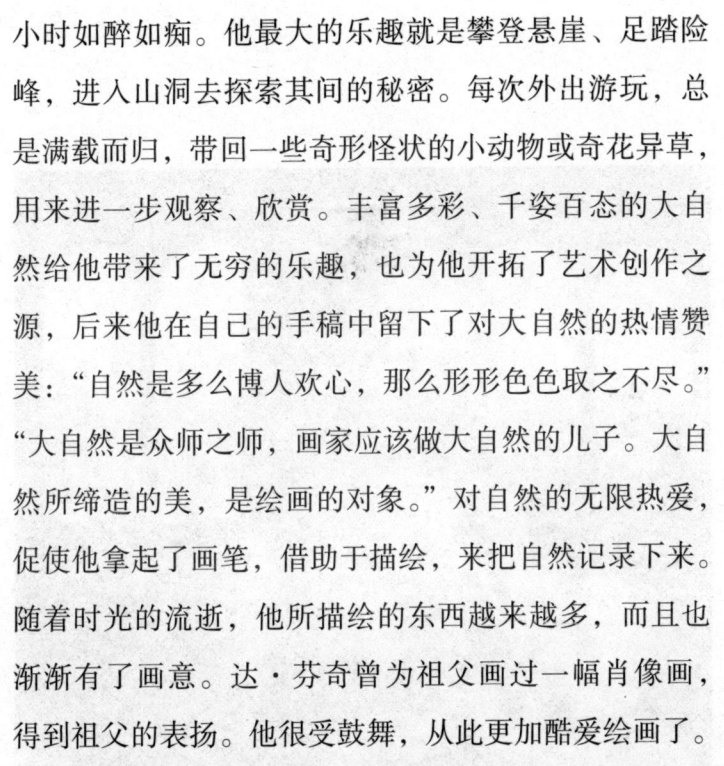

小时如醉如痴。他最大的乐趣就是攀登悬崖、足踏险峰，进入山洞去探索其间的秘密。每次外出游玩，总是满载而归，带回一些奇形怪状的小动物或奇花异草，用来进一步观察、欣赏。丰富多彩、千姿百态的大自然给他带来了无穷的乐趣，也为他开拓了艺术创作之源，后来他在自己的手稿中留下了对大自然的热情赞美："自然是多么博人欢心，那么形形色色取之不尽。""大自然是众师之师，画家应该做大自然的儿子。大自然所缔造的美，是绘画的对象。"对自然的无限热爱，促使他拿起了画笔，借助于描绘，来把自然记录下来。随着时光的流逝，他所描绘的东西越来越多，而且也渐渐有了画意。达·芬奇曾为祖父画过一幅肖像画，得到祖父的表扬。他很受鼓舞，从此更加酷爱绘画了。

到了该入学的年龄，父亲就把达·芬奇送到了学校，让他接受系统的教育。少年时代的达·芬奇，聪敏而好学，求知欲极旺盛，从不以老师讲授的课程为满足，对任何事物都感兴趣，有刻苦钻研的精神，喜欢独立思考，尤其对数学有着浓厚的兴趣，常常提出一些疑难问题，使数学老师瞠目结舌、十分窘迫。在音乐方面，达·芬奇善吹笛子，能创作，不仅作词，还会作曲，又有一副天生的歌喉，能自弹自唱，甚至还能即席伴随着竖琴演唱，歌声优美，动人心弦，使

← 持花的圣母

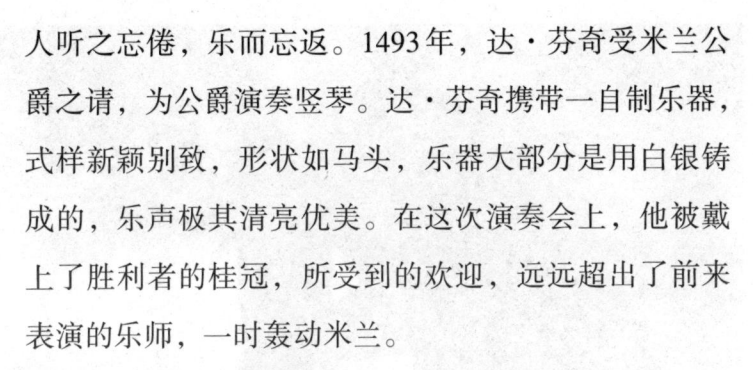

人听之忘倦，乐而忘返。1493年，达·芬奇受米兰公爵之请，为公爵演奏竖琴。达·芬奇携带一自制乐器，式样新颖别致，形状如马头，乐器大部分是用白银铸成的，乐声极其清亮优美。在这次演奏会上，他被戴上了胜利者的桂冠，所受到的欢迎，远远超出了前来表演的乐师，一时轰动米兰。

达·芬奇体格强壮，爱好各种体育运动。膂力大，善驯马，曾力挽狂奔之马，使之驯服。他甚至能徒手折弯一只马蹄铁。他谈吐幽默，能言善辩，在辩论中旁征博引，出语惊人，使最强的对手都甘拜下风，偃旗息鼓。他还是当时第一流口占诗句的杰才，左右手均能书写作画，他的许多手稿都是左手自右而反写出来的，后人只有借助镜子反射才能辨认出来。同时代的人记述他道德高尚、举止文雅、谈吐有秩，是一位罕见的美男子。有人赞叹说：上天有时将美丽、优雅、才能赋予一人之身，他之所为，无不超群绝寰，显示出他的天才来自上苍而非人间之功，达·芬奇正是如此。

达·芬奇爱好颇多，涉猎甚广，但绘画在他心目中的地位却无与伦比。每日放学回家，扔下书包，便拿起画笔。有时绘画，连续长达几小时，不吃不喝，完全沉浸在画面上。达·芬奇对自己的作品要求也很

← 丽达与天鹅

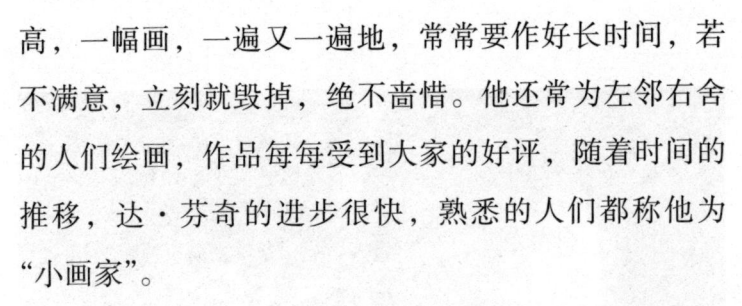

高，一幅画，一遍又一遍地，常常要作好长时间，若不满意，立刻就毁掉，绝不吝惜。他还常为左邻右舍的人们绘画，作品每每受到大家的好评，随着时间的推移，达·芬奇的进步很快，熟悉的人们都称他为"小画家"。

在达·芬奇的少年时代，绘画还是一项比较低贱的职业，达·芬奇的家庭是佛罗伦萨有名的望族，曾祖父、祖父、父亲三代都是公证人，所以他的父亲早就打算让他继承自己的事业，学习法律，以便将来成为一名出色的公证人，可是达·芬奇却对此毫无兴趣。为了躲避父亲的追逼，他索性整日埋头在自己的画室里，父亲无可奈何。日子一天一天过去了，达·芬奇非常着急，他多么希望自己的父亲能理解他、支持他，给他创造学艺的机会，送他到佛罗伦萨从师。

事有凑巧，这时有一位农民，他有一面用无花果树制作的盾牌，想在这个盾牌上面画一幅画，于是请求比埃罗·达·芬奇把这幅盾牌带到城里，请一位画家画一幅精彩的盾牌画。比埃罗毅然应允，但他却没有把这个盾牌交给画家，而是悄悄把它带到家里，交给了达·芬奇，他想试试儿子的画艺。达·芬奇高兴地接过盾牌，他决心画一幅惊心动魄、令人望而生畏的盾面画，以便达到盾牌的效果。原盾牌制作粗糙简

←青年女性的侧面肖像

陋，达·芬奇便自己动手，先把盾牌用火烘直，又请人加工，把盾牌磨平磨光，使盾牌成浑圆之状，然后在盾牌上涂上一层石膏粉，细加调匀。一切准备就绪后，便精心构思起来。为了使盾牌达到令人望而生畏、心惊胆战的目的，他首先读了几本有关妖魔鬼怪的书籍，然后在草纸上开始涂抹勾勒起来。

一天、两天、一个星期过去了，达·芬奇还没有设计出来一个令自己满意的形象。忽然有一天，他想起了希腊神话中的女妖麦杜萨的传说，深受这一女妖形象的启发。原来麦杜萨是一个蛇发女妖，面貌凶丑，能口喷火焰，头发都是一条一条的毒蛇，非常恐怖，尤其是她的一双魔眼，更为厉害，看了能使人丧魂失魄，当即僵化为石。女妖后来被希腊英雄奥尔修斯所杀，奥尔修斯将她的首级割下献给雅典女神，女神将麦杜萨的眼睛嵌入自己的盾牌，携带身边，成为自己的护身武器。达·芬奇认为这个传说符合自己制作盾牌画的要求。于是便开始搜集有关女妖的资料，然后仔细加以研读，同时在草纸上构画草图。达·芬奇还充分运用了他平时所收集的一些小动物，它们被藏在一间从来不准旁人进入的房间里，其中有蜥蜴、刺猬、壁虎、蛇、蝎、蜻蜓、蚂蝗、萤火虫等，一些奇形怪状的小东西。他综合希腊女妖和各个动物的特点，开

始描绘起来。由于不间断地工作，甚至连饭也不出去吃，专心绘画，忘记了时光的消失，以致那些小动物的尸体腐烂发臭了，他竟然毫无觉察。

经过一个多月的奋战，终于画成了一幅骇人的魔鬼头像：两眼喷火、鼻孔生烟、口吐毒汁、喉咙黝黑如无底洞，散发着毒气，毛发倒竖。画完之后，达·芬奇把盾牌放置在房间的一个角落里，然后把所有的窗帘都拉上，仅留一道缝隙，让光线集中在盾牌画面上，然后请父亲来观看，但事先也没有向父亲做任何说明。

比埃罗刚推开门，看见房间的角落里，一个面目狰狞的怪物在对他怒目而视，比埃罗极其惊恐，吓得大叫一声，转身就逃。达·芬奇当即拉住自己的父亲，兴奋地告诉他说，这就是那幅盾牌画。还对父亲说："这面盾牌果然起作用了，请您拿去吧，因为它正应该产生这样的效果。"比埃罗惊魂甫定，仔细地看了儿子的这幅独出心裁的作品，觉得达·芬奇的画技果然惊人。于是心里暗暗打定主意，决定送达·芬奇去从师学画，而不再逼他学习法律。

而那面盾牌画，比埃罗没有把它还给农民，而是以100金币的高价卖给了一位商人，商人又以300金币转卖给米兰公爵。比埃罗从商店里买一面盾牌还给农

巨人时代的巨人　**达·芬奇**

←大洪水（局部）

民。遗憾的是，达·芬奇的这幅盾牌画却没有保存下来。

为了达·芬奇的艺术前途，1466年达·芬奇全家迁居佛罗伦萨。有一天，比埃罗把达·芬奇的一些素描习作，特地拿给密友佛罗伦萨的著名艺术家委罗基奥去看，想问问他，看看这个孩子能不能学画；在绘画方面，有没有培养前途。委罗基奥看了达·芬奇的画后，十分惊喜，他慧眼识英才，认为这是个大有培养前途的孩子，立刻建议比埃罗把孩子交给他去教育。从此，14岁的达·芬奇告别父母，拜委罗基奥为师，进入他的画坊学艺，开始系统地学习绘画和雕刻。委罗基奥画坊是当时佛罗伦萨最先进的画坊之一，这对达·芬奇以后的发展，可以说是起了定向的作用。

→海神与四匹海马创作手稿

达·芬奇画蛋

> 人生的路虽然漫长,但要紧处常常只有几步,特别是当人年轻的时候。
>
> ——柳青

委罗基奥是一位多才多艺的人物。他不仅是画家、雕刻家、首饰匠,而且还是建筑家、工程师和音乐家,同时,他对天文、地理和历史都有浓厚的兴趣,尤其他还是一位学识渊博的有经验的老师。他对学生的要求非常严格,教育方法也很特别,使学生几乎没有一点儿闲余时间。对于达·芬奇他的指导不是叫他临摹古人名画,也不是给他大讲绘画理论,而是给他一个鸡蛋,让他照着鸡蛋写生。

达·芬奇对画鸡蛋,开始很有兴趣,画得很认真,每画好一张,就请老师修改,但是,一天、二天、三天,一个礼拜、两个礼拜,老师让他画得仍是鸡蛋,他就有点不耐烦了。心想:"我这个老师着实奇怪,老叫我画蛋,就是我把蛋画得再好,将来又有多大的用

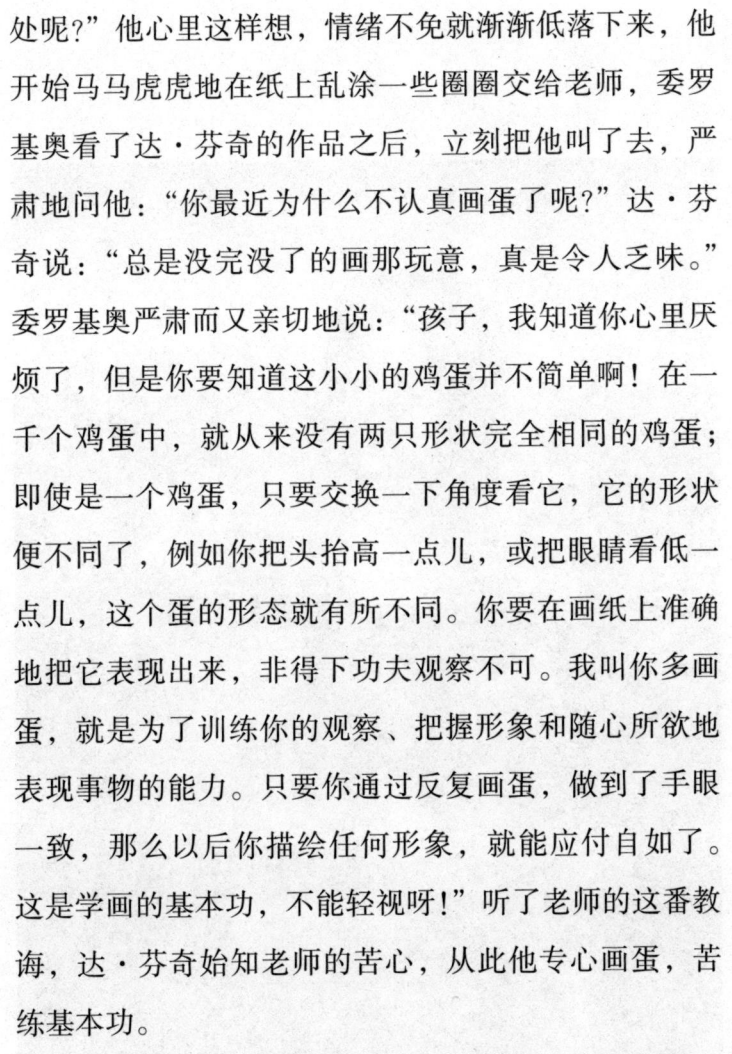

处呢?"他心里这样想,情绪不免就渐渐低落下来,他开始马马虎虎地在纸上乱涂一些圈圈交给老师,委罗基奥看了达·芬奇的作品之后,立刻把他叫了去,严肃地问他:"你最近为什么不认真画蛋了呢?"达·芬奇说:"总是没完没了的画那玩意,真是令人乏味。"委罗基奥严肃而又亲切地说:"孩子,我知道你心里厌烦了,但是你要知道这小小的鸡蛋并不简单啊!在一千个鸡蛋中,就从来没有两只形状完全相同的鸡蛋;即使是一个鸡蛋,只要交换一下角度看它,它的形状便不同了,例如你把头抬高一点儿,或把眼睛看低一点儿,这个蛋的形态就有所不同。你要在画纸上准确地把它表现出来,非得下功夫观察不可。我叫你多画蛋,就是为了训练你的观察、把握形象和随心所欲地表现事物的能力。只要你通过反复画蛋,做到了手眼一致,那么以后你描绘任何形象,就能应付自如了。这是学画的基本功,不能轻视呀!"听了老师的这番教诲,达·芬奇始知老师的苦心,从此他专心画蛋,苦练基本功。

达·芬奇在委罗基奥的画坊不仅学习自己喜爱的绘画和雕刻,同时还从事自然科学研究,还结识了一大批知名的人文主义者、艺术家和科学家,接受了当时最先进的人文主义思想。那时,佛罗伦萨在意大利

← 纺纱的圣母

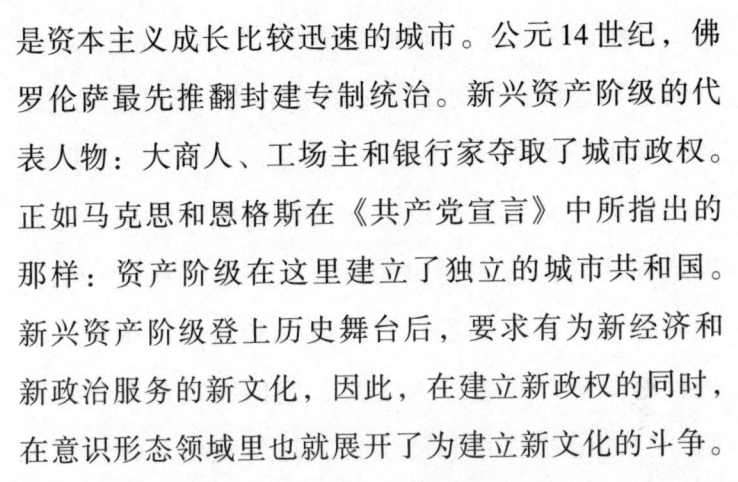

是资本主义成长比较迅速的城市。公元14世纪，佛罗伦萨最先推翻封建专制统治。新兴资产阶级的代表人物：大商人、工场主和银行家夺取了城市政权。正如马克思和恩格斯在《共产党宣言》中所指出的那样：资产阶级在这里建立了独立的城市共和国。新兴资产阶级登上历史舞台后，要求有为新经济和新政治服务的新文化，因此，在建立新政权的同时，在意识形态领域里也就展开了为建立新文化的斗争。

新文化的核心思想是以人代替神，争取个人在现实世界中的地位和发展。历史学家把这种思想称为"人文主义"。人文主义是文艺复兴时期的主要思潮和理论，14世纪兴起于意大利，后来传入欧洲各国，它是文艺复兴的指导思想，也是新文化的基本内容，它在封建制度内部逐渐形成为资产阶级的思想体系。

人文主义者则针锋相对地认为主宰宇宙的不是神，而是人。他们肯定人的价值，人的尊严，人的力量和人的伟大，认为人可以创造一切；他们肯定现实，肯定人生，认为天堂不在来世，而在现世；不在天上而在地上。人生的目的不是为了追求死后的"升天"，而首先是对现世美好生活的享受。人的各种自然欲望不应该加以压制，而应当予以满足。于是人文主义者把人从神的世界，即所谓"出世"，拉回到现实的人的世界，即所谓"入世"。他们颂扬人、赞美人和自然，崇尚科学和理性，反对中世纪禁欲主义，形成了文艺复兴时期新文化的基本内容。

尽管人文主义在反封建反教会的斗争中，起过进步作用，但应当指出的是，人文主义所主张的人性和个性自由，都是以资产阶级利益为前提的，它的核心是资产阶级个人主义，它的物质基础是私有制，它的道德观是利己主义，这是我们应该认识和批判的。

刚刚登上历史舞台的资产阶级，是一个年轻的正在成长的阶级，自己还没有一套成熟的完备的思想体系，因此要同根深蒂固的中世纪基督教神学力量进行斗争，必须有强大的思想武器，他们认为这个武器就是世俗的、理性的古希腊、罗马文化。特别是那些具有唯物主义成分的古典自然科学和哲学，饱含现实主义的文学和艺术。尽管这些古典文化在中世纪遭到了基督教会的排斥，被斥之为"异端邪说"，禁锢达千年之久，然而，断金碎玉，光辉不减。当时的新兴资产阶级和知识分子如醉如狂地搜寻、学习和研究古希腊、罗马文化，这一场空前的文化艺术繁荣，就是历史学家所说的文艺复兴运动。然而文艺复兴运动，不是"复古"运动，不是古典

巨人时代的巨人　**达·芬奇**

→美丽的菲罗妮儿

奴隶制文化的"再版",而是近代资产阶级新文化的萌芽。新兴资产阶级只不过是利用古希腊、罗马文化作为反封建、反教会的斗争武器,吸收古典文化中有利于自己的因素,加以改造,从而创造出为本阶级服务的新思想和新文化。

在这场前所未有的批判中世纪基督教神学、学习研究古典文化、创造资产阶级新文化的"文艺复兴"运动中,群星灿烂,人才辈出,产生了一大批文化艺术巨匠。列奥纳多·达·芬奇便是其中最著名的一位代表人物,对以后几个世纪来说,达·芬奇的艺术始终是人类天才的最高成就之一,他的作品充分体现了人文主义思想。

中世纪基督教美术没有人的味道,具有浓厚的宗教色彩,基督教的教义成为美术创作的主题,一切艺术成为宣传教义的工具。美术成为教会教条的装饰与插图,把现实生活完全排除在艺术表现的范围之外,因此使整个中世纪美术呈现出一种人为的痛苦、忍受、失望和恐怖的气氛。中世纪基督教美术贯穿着禁欲主义、神秘主义和蒙昧主义,简单化、模式化、象征性,不画裸体,毫无生气,缺乏艺术生命力。如果和希腊、罗马古典作品做对比,就会发现中世纪的宗教美术,没有艺术个性,千篇一律,千人一面,都是公式化、概念化的僵死东西。

而文艺复兴时期的美术却是世俗性、写实性和科学性的。

世俗性。就是人文主义精神。这个时期的美术家站在先进的人文主义立场上，反对中世纪的禁欲主义，肯定人和自然。美术创作歌颂的对象是人，不再是神。尽管创作取材于宗教典故或神话，但塑造的形象是尘世中的普普通通的人。圣母也不再是中世纪的灵，而是现实生活中的少妇。

写实性。这个时期的艺术家们提倡客观地观察自然和社会，开始注意把美术和现实生活紧密地联系起来，把人物和自然环境有机地结合起来，不再以金色和蓝色作背景，而把人物置于优美的自然环境中，逐渐形成了近代的风景画。

科学性。这个时期从艺术的表现与技巧上看，经过长期的探索，有了很大的突破。艺术家们把美术创作技法研究和自然科学结合起来，利用当时的自然科学的研究成果，建立了艺术解剖学、透视学、绘画明暗转移法、色调配置法等新学科，给当时的壁画、架上绘画、肖像画、雕刻、纪念性雕刻和建筑以巨大的推动。

委罗基奥继承了15世纪以来的佛罗伦萨民主主

← 音乐家的肖像

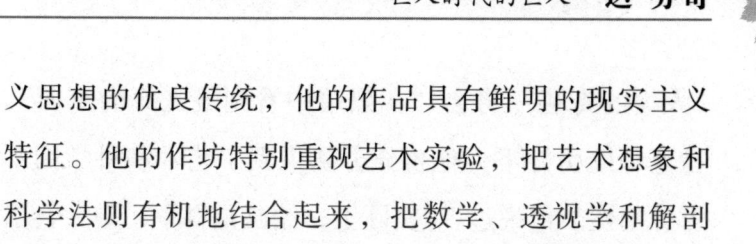

义思想的优良传统，他的作品具有鲜明的现实主义特征。他的作坊特别重视艺术实验，把艺术想象和科学法则有机地结合起来，把数学、透视学和解剖学等应用科学运用到艺术中去，培养和造就了一批人才。

委罗基奥画坊的良好教育和严格训练，为达·芬奇日后的艺术创作和科学发明奠定了坚实的基础。

达·芬奇在委罗基奥的画坊整整苦学十年，各个方面都取得了巨大的进步。思想逐渐成熟，他对残酷黑暗的中世纪封建统治表示了强烈的不满，痛斥封建统治者"骄横是无拘束的"，"当他们的肚皮塞得饱饱的时候，他们就要去满足他们的邪欲，要把死亡、痛苦、劳役、恐怖和流放分配给每一个有生命的东西"。面对着人世间的种种不平，他喊出了郁积心中的愤慨："啊！疏忽的大自然！你为什么这样偏心？对于你的某些儿女是慈祥的生母，对于你的另些儿女却是残酷无情的庶母？我看到了你的儿女们做了旁人的奴隶，没有得到一点儿好处，替他们服劳役不但得不到报酬，而且受到最严酷的惩罚。他们都永远在消耗他们的生命，替他们的压迫者服劳役。"

达·芬奇渴求真理，憧憬着美好的未来，认为

"人类的奇迹"将会"在黑暗中看到最光辉的东西"。在老师的引导下,他也充分认识到了艺术和科学的不可分割性。他说过:"实际上,绘画是科学,是大自然的嫡亲女儿,因为她是大自然所诞生的。大自然是众师之师,画家应该做大自然的儿子。"

巨人时代的巨人　**达·芬奇**

初露锋芒

> 不超越老师的是平庸的弟子。
> ——达·芬奇

1472年，达·芬奇年方弱冠，就进入了佛罗伦萨画家行会，这标志着他的业务水平已达到了一个新的高度，具备了独立工作的能力，但是他舍不得离开自己敬爱的老师，仍留在委罗基奥的画坊给老师当助手。

达·芬奇早期的创作活动，处于学习和探索阶段，这个时期的作品主要受委罗基奥影响，同时也吸收了前辈画家如14世纪文艺复兴先驱者乔托、早期文艺复兴奠基人马萨乔、15世纪艺术大师安·波拉尤奥洛、菲利浦·利比和波提切利等人的精华。在此基础上，他的创作充分显露出了自己的艺术特色，作品思想丰富，有抒情诗般的意境，尤其是素描和透视学，已经相当纯熟谙练；同时也开始注意借助姿态、动作和手势来表现人物的内心世界。

达·芬奇最早的作品是一张佛罗伦萨郊区风景素

← 马背上的青年男子（局部）

描画，即《亚诺风景》，他亲笔题字的时间是"于神圣的温柔的玛利亚纪念日——1473年8月5日"。1474年创作《德·宾西》肖像画，该画描绘精细、色彩透明、淡雅，无疑是受了波提切利的影响。他精细地描绘白嫩脸上的一双细长眼睛、纤细眉毛、稍微突起的颧骨和抿着的嘴唇。人物头发的细致也颇见功力，细致得几乎把每一绺、每一卷头发都表现出来了。背景是优美的自然风景。初步显示出画家对人物性格研究精细的特点。

《受胎告知》是达·芬奇早期有名的作品之一。为横幅构图，画长217厘米，宽98厘米。

在这幅画中，达·芬奇自己的艺术特色表现得更加明显了。该画取材于《新约》，其情节是耶稣之母玛利亚已许配给约瑟，但尚未结婚，这时玛利亚却受圣灵怀孕了。天使加百利奉神命前来通知玛利亚，玛利亚得悉后十分惊慌和不安。这是传统的宗教题材，但是达·芬奇却一反前人创作的传统：一是他把玛利亚由绣房置于风景优美的大自然中，充分体现了艺术家对人和大自然的美的歌颂；二是他不去烦琐地描绘形象的细节，而是着重刻画人物的内心世界。和15世纪的绘画上所采用的手法相形之下，这幅画，更加明确地表现了条理井然的布局，从而产生了宁静开朗的印

象。画面是天使加百利向圣母玛利亚传达神的指示的一刹那间的情景。玛利亚正在庭院看书,天使突然降临,跪于草地上向她传达上帝神命说:"玛利亚,不要怕,你在神面前已经蒙大恩了,你要怀孕生子,可以给他取名叫耶稣。"玛利亚听后十分惊讶地说:"我还没有结婚呀!"从其手势和脸部表情看出她内心的极度不安和矛盾。

《持花圣母》或《拈花圣母》又称《贝诺亚的圣母》,创作于1478—1480年,这幅画极富表现力,是一幅不同凡响的佳作,它包含着新颖的构思,被美术史家视为达·芬奇创作道路上的第一个里程碑。以此证明,达·芬奇已经具备了独立自主地进行创作的能力。画面绘的是圣母怀抱婴儿,面带幸福的微笑,白胖可爱的耶稣坐在她的膝上,玛利亚手拈花朵逗幼儿玩乐。这里我们再也看不到中世纪幽灵般的圣母了,而圣母实际是世俗少妇。此画有三个显著艺术特色:首先,作品的造型语言突出地表现了高度的艺术概括性,诚如苏联美术史家罗坦别尔格所说,"它表现了已经足以构成盛期文艺复兴特征的目光集中以及从一粒砂中看到大千世界的本领"。达·芬奇在此摒弃了15世纪以来的传统,不再斤斤计较细节的描绘,而着重人物思想感情的刻画,画中充分表现了世俗母性的幸

巨人时代的巨人 **达·芬奇**

→受胎告知

福感。其次,圣母玛利亚首次以微笑的姿态出现在画面,以往的圣母形象严肃、呆板,看不到一丝笑容。再次,圣母头上的"灵光"不明显,从此以后逐渐消失。因此这幅作品历来受到美术史家的高度赞扬。

1478年至1480年,达·芬奇创作了《圣哲罗姆》

宗教画，是一幅未完成的作品。画长103厘米，宽为75厘米。这是达·芬奇最早探索人物内心世界的作品，也是一幅描绘处于精神异常激动状态中的老年身躯的出色解剖图。画面是圣徒哲罗姆在忏悔和狮子在吼叫。

圣哲罗姆是佛兰西斯教派的苦行僧。有一日他在

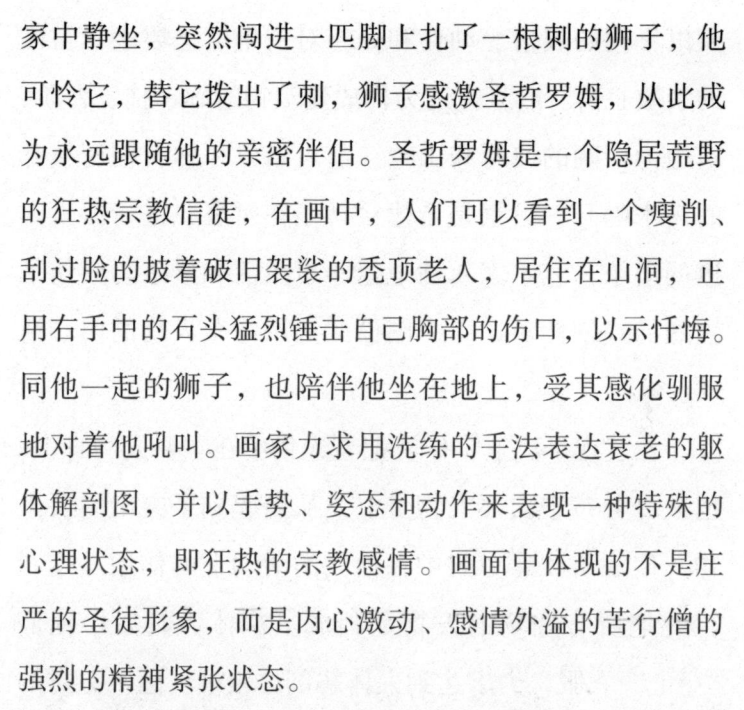

家中静坐，突然闯进一匹脚上扎了一根刺的狮子，他可怜它，替它拨出了刺，狮子感激圣哲罗姆，从此成为永远跟随他的亲密伴侣。圣哲罗姆是一个隐居荒野的狂热宗教信徒，在画中，人们可以看到一个瘦削、刮过脸的披着破旧袈裟的秃顶老人，居住在山洞，正用右手中的石头猛烈锤击自己胸部的伤口，以示忏悔。同他一起的狮子，也陪伴他坐在地上，受其感化驯服地对着他吼叫。画家力求用洗练的手法表达衰老的躯体解剖图，并以手势、姿态和动作来表现一种特殊的心理状态，即狂热的宗教感情。画面中体现的不是庄严的圣徒形象，而是内心激动、感情外溢的苦行僧的强烈的精神紧张状态。

《博士来朝》又称《三王礼拜》，是达·芬奇制作的巨型祭坛画的草图。创作于1481—1482年间，取材于《圣经》的新约全书。这幅画面表现的是博士来朝拜耶稣的一刹那间的情景。画虽未完成，但从达·芬奇的艺术构思中看出他要揭示人物的内心活动。这幅画有两个显著特点：一是没有用传统的小舍或马厩为背景，而是以宏伟的建筑和辽阔的原野为背景；二是作者把前景登场人物和后景的兵马骚动作了强烈鲜明的对比。前景以玛利亚为中心，她膝上坐着裸体的婴儿耶稣，前来朝拜的博士和群众围绕在她的周围，各

人以不同的表情、动作和姿态对初生的圣婴表示自己的崇敬心情。后景左边为构成建筑物的廊、柱、台阶，右边为广阔的原野和山地。前后景以一株有稠密枝叶的树木隔开。后景是希律兵马正在对婴儿进行惨无人道的屠杀。艺术家巧妙地把和平生活和屠杀场面作了强烈的戏剧性对比，力图借此揭示每个人物的内心活动。

在表现手法上，作者把亮光集中在主要人物身上，把散光分布于次要人物身上，从而起到了突出主要人物，使观众注意力集中在他们的活动上的作用。作者首先把所有登场的人物都画成了裸体，然后给他们"穿上"衣服，力求达到人体解剖之精确。达·芬奇的这一作法对后来艺术家的创作起了示范作用。这幅作品未完成的原因主要是达·芬奇无休止地追求完美无缺，工作进展缓慢，因此使委托者不满，使这幅画一直停留在草图上。

达·芬奇这一时期最精彩的手笔是《基督受洗》中的天使形象。大约在1476年，委罗基奥受圣·萨尔宾诺教堂的委托绘制《基督受洗》祭坛画，画长177厘米，宽151厘米。这幅画取材《圣经·新约》：施洗约翰在约旦河一带宣讲悔改的洗礼，使罪孽得到上帝的赦免。犹太国各地的信教者闻讯后，纷纷

前往约旦河接受约翰的施洗，基督也从拿撒勒赶来约旦河，要求受约翰的洗礼。《基督受洗》祭坛画表现的正是当时施洗约翰给基督洗礼的情景。当全画快要完成时，委罗基奥突然病倒，离规定交画期限仅剩7天时间了，委罗基奥非常着急，他决定指派达·芬奇来画完最后一个天使。达·芬奇接受任务后，认真构思，努力作画，很快就把它完成了。当老师康复归来，看到他画的天使时，惊喜万分。达·芬奇所画的天使，其艺术技巧已经超过了他的老师，这个天使竟使画中的主要人物相形见绌。老师画的天使没有抓住狂喜地目睹这一不平凡事件的孩子的特征，却把天使画成一个长着肥大鼻子、眉毛高扬、一双圆溜溜的眼睛不是望着受洗场面，而是呆滞无神地望着观众的小男孩。达·芬奇所画的天使，在目睹这一圣迹后，表现出惊奇、沉思的神情，紧扣主题。天使蓬松垂下的卷发，在他的精细描绘下，宛如阳光射透了一样，衣褶的处理也很妥帖、自然，有高浮雕从渐低到低的和谐过渡。评论家认为达·芬奇的天使画得神态活泼、含蓄、自然、生动而又典雅、脸部造型柔和逼真。这一天使形象和老师所画得枯燥、呆板、平淡的形象形成鲜明的对照。委罗基奥见达·芬奇有如此高超的艺术才华，惊叹不止，大加颂扬，从此达·芬奇声名鹊起，成为佛罗伦萨有名的画家。而他的老师自愧不如自己的学生，从此辍笔，不再作画，终身从事雕刻。

← 基督的洗礼

《最后的晚餐》

> 天才的主要标记不是完美而是
> 创造,天才能开创新的局面。
> ——柯斯勒
> 天才的作品是世上最重要的东西。
> ——济慈

15世纪80年代的佛罗伦萨,处在美第奇家族的专制统治之下。尽管达·芬奇的父亲靠自己的关系四处为他奔波,终于在美第奇的官邸为他找到一份工作,但由于他的思想、气质和这一家族日趋反动的气氛格格不入,而且又不为这个家族所重视,于是他不得不离开佛罗伦萨,到米兰去寻求生路。

1482年,达·芬奇向米兰大公洛多维柯·斯福查毛遂自荐,要求任命他全面负责米兰的艺术创作和武器制造的工作。他在信中历数自己各方面的才能:能建造追击敌人用的桥梁而且知道怎样毁坏敌人的桥梁;有办法挖掘排水沟和河流;有一种秘密的方法可以使所有不以石头为根基的山林全部毁去;能够建造一种

新型的毁灭性的火炮；有办法使河下的隧道工程不发出噪声；会建造保护型的战车以攻击敌人；握有制造奇异的水下防御和进攻武器的计划。更有甚者，他说在和平时期，可以在建筑方面和别人平起平坐；在绘画方面，能做到"人所能为，我即能为"；他说他还是医学家、音乐家和戏剧家。他自述的这些才能使18世纪的德国作家黎克特非常惊奇，认为这样的口气"不是出自一位天才，便是出自一个疯子"。米兰大公没有把达·芬奇送进精神病院，而是把他留在宫里，为自己服务。

达·芬奇以军事工程师和画家身份为米兰大公洛多维柯·斯福查工作长达17年之久。在这期间，达·芬奇无论在科学研究方面，还是在艺术上，都获得了丰硕的成果。他的飞翔设计和许多科学发明以及最杰出的作品《最后的晚餐》都是在这个时期完成的。这个时期可以说是达·芬奇科学研究和艺术创作的"黄金"时期。

达·芬奇刚到米兰就着手为公爵之父法兰西斯柯·斯福查制作骑马巨像，由于艺术家漫无止境地追求完美，精益求精，工作时断时续长达10年之久，至1490年才完成泥塑模型，模型高达8米，铸造需铜80吨，后来因缺青铜没有铸成。这座巨像既有外形的雄

巨人时代的巨人　**达·芬奇**

伟，又有内在的崇高，被称为"世界第八大奇观"。当法国军队入侵米兰时，这一巨大的泥塑模型被法军当作打靶目标而全部破坏了。我们只能从其草图上得其

→岩间圣母（局部）

大概。

1483年达·芬奇受委托制作《岩间圣母》这一幅宗教画，画长198厘米，宽128厘米（巴黎鲁佛尔博物

←岩间圣母（局部）

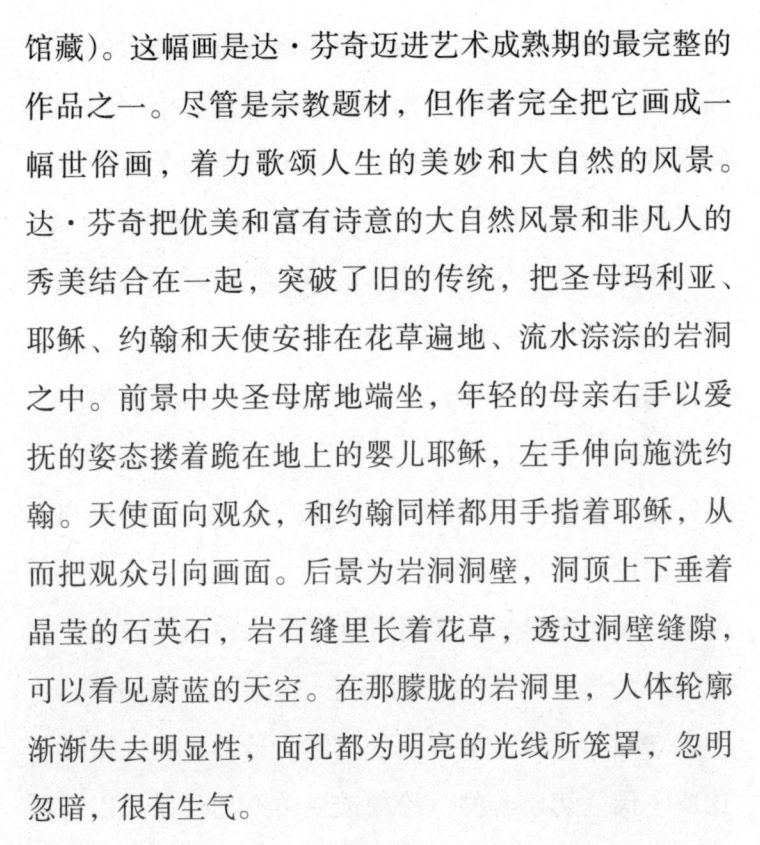

馆藏）。这幅画是达·芬奇迈进艺术成熟期的最完整的作品之一。尽管是宗教题材，但作者完全把它画成一幅世俗画，着力歌颂人生的美妙和大自然的风景。达·芬奇把优美和富有诗意的大自然风景和非凡人的秀美结合在一起，突破了旧的传统，把圣母玛利亚、耶稣、约翰和天使安排在花草遍地、流水淙淙的岩洞之中。前景中央圣母席地端坐，年轻的母亲右手以爱抚的姿态搂着跪在地上的婴儿耶稣，左手伸向施洗约翰。天使面向观众，和约翰同样都用手指着耶稣，从而把观众引向画面。后景为岩洞洞壁，洞顶上下垂着晶莹的石英石，岩石缝里长着花草，透过洞壁缝隙，可以看见蔚蓝的天空。在那朦胧的岩洞里，人体轮廓渐渐失去明显性，面孔都为明亮的光线所笼罩，忽明忽暗，很有生气。

从表现手法看，群像是按照等腰三角形构图原则处理的。三角之顶为圣母之头，两等边是她伸出的双手，底角是天使和幼儿的身体。达·芬奇非常重视构图，他把构图看成是打开作品构思的钥匙，他发展和丰富了前辈大师的金字塔构图法，使其成为文艺复兴盛期的传统，如后来的米开朗基罗和拉斐尔都沿用了这一构图法。

《岩间圣母》本来是一幅表现人文主义精神的充满

了生活情趣的佳作，可是却遭到修道院委托者的非难和挑剔，以人物没有圣光、施洗约翰没有十字架和天使无神翼为借口，拒绝付款。达·芬奇为了这件作品打了多年官司，后来他不得不让步，又重新作了一幅。

此外，达·芬奇还创作了《哺乳圣母》《抚貂的妇女》《拉·贝尔·弗罗尼艾》《音乐家》《少女》，从以上作品看，艺术家非常注重人物形象的内心世界和个性的刻画。

达·芬奇在15世纪80年代初又从事力学研究和飞翔机的设计工作。大概在1490年，开始进一步系统研究解剖学和光影学。这期间他阅读了13世纪波兰学者维太罗的透视学著作，同时还写了不少关于透视学、画家守则和人体运动方面的笔记。另外，他还研究了比罗·佛兰切斯卡的《绘画透视学》和列昂·巴替斯塔·阿尔伯蒂的《画论》，从而大大地丰富了他的绘画理论。

1495年，达·芬奇开始为玛利亚·戴列·格拉契修道院创作壁画《最后的晚餐》。他为此倾注了四年的心血。这幅画标志着达·芬奇艺术创作的最高峰，无论是人物性格的刻画，还是构图的严整，都已达到登峰造极的地步。

《最后的晚餐》是世界艺术宝库中的一颗璀璨明

巨人时代的巨人　**达·芬奇**

→岩间圣母

文学艺术家卷　043

珠，是现实主义的典范作品之一。全画长880厘米，宽460厘米。这幅画取材于《圣经·新约》全书中的犹大出卖耶稣的传说故事。在逾越节的晚上，据说耶稣已预知自己被叛徒出卖，死期将至，于是同十二门徒吃了最后一次晚餐，故名"最后的晚餐"。正进餐时，耶稣突然说："你们中间有一个人要出卖我！"这句话，打破了晚餐的平静气氛，引起了门徒们的骤然波动。每个人都问耶稣："主，是我吗？"他回答道："同我蘸手在盘子里的，就是他要出卖我。"

　　关于犹大出卖耶稣这一宗教题材，在创作上难度是比较大的，因为它有着强烈的戏剧性和较复杂的情节，而且要在瞬间把人物内心活动表现出来是很不容易的。两个世纪以来，有许多著名的画家作了尝试，可是没有一个人能获得成功。在达·芬奇之前，有画家乔托、杜绰、卡斯塔尼约、基兰达约均画过《最后的晚餐》；同时代的画家罗赛里也画过；在达·芬奇之后有画家丁托列托。他们的画有两个共同的缺点：一是主题不明确，画面散漫，缺乏中心，人物刻板，动作僵硬，缺乏心理冲突；二是画面上只看到一群人围坐在一起聚餐，看不出有激烈斗争的戏剧情节。

　　在作《最后的晚餐》之前，达·芬奇仔细地研读了《圣经》，虚心地考察了前人的作品，认真总结他们

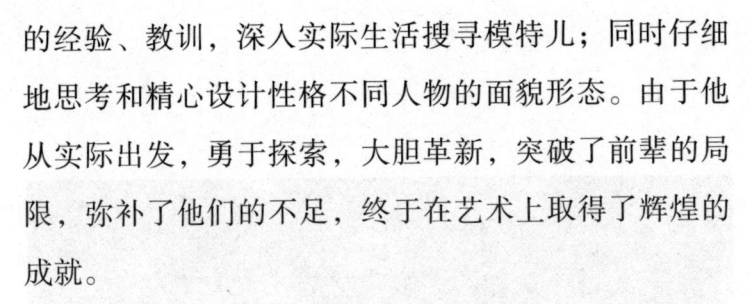

的经验、教训，深入实际生活搜寻模特儿；同时仔细地思考和精心设计性格不同人物的面貌形态。由于他从实际出发，勇于探索，大胆革新，突破了前辈的局限，弥补了他们的不足，终于在艺术上取得了辉煌的成就。

达·芬奇站在先进的人文主义立场上，打破中世纪以来的传统画法，没有在人头上画上象征神的光圈，而是画成了人。他紧紧抓住晚餐中最紧张的一刹那，来展开戏剧性的冲突，揭示人物内心世界的矛盾，着重人物性格的描写，突出了典型环境中的典型性格。画面展示在我们面前的正是当耶稣宣告"你们中间有一个人要出卖我"这一句话时，全场哗然，真有人声鼎沸之感，各人的表情发生了急剧的变化，就好像平静的湖面投进一块巨石，卷起层层波澜。顷刻之间，打破了晚餐的平静气氛，激起了门徒们的义愤与惊讶。

整个画面层次清晰，以耶稣的话为契机，戏剧冲突由中央向两边展开，然后又从两边向中央集中。达·芬奇以耶稣为中心，每边两组，每组三人，布局均衡对称，组组相连，通过门徒的手势、姿态、动作和表情把十二门徒引向中心。左端的三个门徒为一组，他们都面向耶稣，情绪显得特别激动，尤其是左端第一个门徒巴多罗米欧，是个青年，他听到耶稣的话后，情

←岩间圣母（局部）

巨人时代的巨人　达·芬奇

不自禁地从座位上跳将起来,双手按桌,上身倾向耶稣,好像按捺不住心中的怒火,恨不得马上就把那个暗藏的叛徒当场揪出来。左端第三个人是安德烈,他惊愕地举起双手,手心向外,似在摇动,不相信会发生这样可怕的事情。小雅各夹在他们中间,神情紧张地把一只手扶在安德烈的肩上,另一只手伸向左边第四个人彼得的肩上。这样,组与组联结起来了。从小雅各的神态看,是急于想弄清楚所发生的事情。右端的三个门徒自成一组,也在交头接耳,惊相探问。右端的第一个门徒是西门,秃头老人,他显得很沉着,把手伸向邻座的两个人,似对他们说:"这从何说起?"靠近西门的是上了年纪的达太,他脸向西门好像在问:"真有人敢出卖老师?"第三个人是马太,脸朝着两个老人,两手却指向中央,似乎在呼吁:"不,我们决不能让这样的事发生!"在构图上,这左右两端一老一少相互迎合,把全体人物包括在画面里了。这在美术理论上讲,叫作多样统一构图法,这是达·芬奇在艺术上所取得的一大成就。画面右边靠近耶稣的三个门徒,看起来他们心地单纯,各个做着不同的朴素动作,表现出向耶稣坦白胸怀的神情。紧挨着耶稣的多马,向耶稣伸出一个指头,好像在问:"什么?有人要出卖你!"靠近耶稣的第二个人是老雅各,表情惊奇,两臂

←岩窟中的圣母

张开，身体稍向后仰，好像在说："这是多么可怕的事呀！"靠近耶稣的第三个人是年轻的腓力，他从座位上猛地站起，两手扪胸，好像在发誓，表白自己的忠诚和善良："难道能怀疑我对老师有变节行为？"画面左边靠近耶稣的三个门徒是约翰、犹大和老彼得，他们特别富于表情，也是画中的主要角色，表现出了较复杂的心理状态。紧靠耶稣坐着的是约翰，他年轻，性情温柔，斜着身子，眼睛向下，头垂到肩，大有不胜悲愤之情，又宛如在凝神倾听彼得的耳语，两手交叉着，毫无作为地放在桌上。靠近耶稣的第三个人是老彼得，他情绪激动，从自己的座位上跳起来，左手搭在约翰的肩上，把头伸向约翰的耳边，似乎对约翰耳语："你知道谁是叛徒？"右手紧紧握着刚切了面包的刀，无意识地接近犹大的肋部，暗示要用它来对付那个没有揭露出来的叛徒。

上述11个门徒每个人的表情、动作、姿态虽不相同，但却朝着一个中心，都向着耶稣，唯独约翰旁边的犹大表现与众分离，众为向心，他则离心。当犹大听到耶稣的话后，引起了闪电般的反应，神情惊慌，身体稍向后仰，想置身事外，右手在无意中按住钱袋里的30枚银币，为了掩饰自己的惊慌，左手在耶稣面前拉回食器，弄翻了小盐壶。犹大的面目阴险、狡诈，

受胎告知（局部）

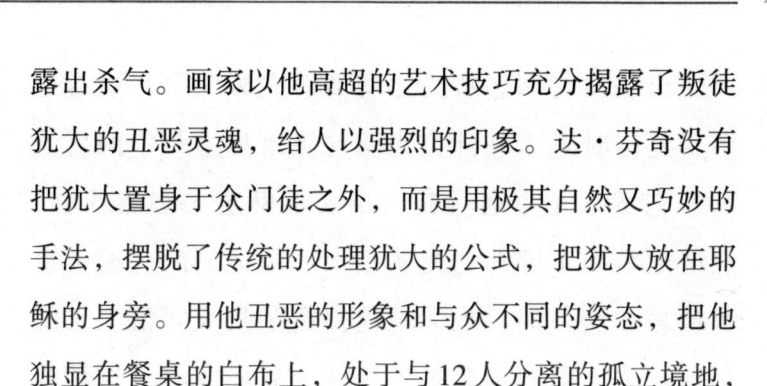

露出杀气。画家以他高超的艺术技巧充分揭露了叛徒犹大的丑恶灵魂，给人以强烈的印象。达·芬奇没有把犹大置身于众门徒之外，而是用极其自然又巧妙的手法，摆脱了传统的处理犹大的公式，把犹大放在耶稣的身旁。用他丑恶的形象和与众不同的姿态，把他独显在餐桌的白布上，处于与12人分离的孤立境地，从而与众门徒区别开来。

从整个画面看，这样处理效果极佳，使犹大与众人形成鲜明对照，因而使主题更加突出。达·芬奇把耶稣和众门徒置于夕阳余晖中，独犹大的脸部和身体置于光线暗处。这种光明与黑暗、美与丑、善与恶的对比的象征性手法，可以说是达·芬奇在绘画史上的一个独创。在这一群义愤填膺的人群中，只有身着蓝色斗篷与大红长袍的耶稣，端坐不动，双手摊开，放在桌上，显得非常沉静、安详、庄严。对于即将来临的灾难，泰然处之，丝毫没有惊慌、惧怕之感，完全是一副坚贞不屈、视死如归的表情。耶稣背后明亮的窗外，射进来的夕阳，照在他的头上，形成了自然的圣光，更显示出耶稣的光明磊落。

达·芬奇在这幅画里着重塑造了两个鲜明而又完全对立的艺术形象：耶稣和犹大。一个崇高，一个卑鄙；一个善，一个恶，泾渭分明。两者的冲突，

反映出正义与邪恶势力之间的对立和斗争，这难道不正是当时意大利社会光明与黑暗势力斗争的反映吗？艺术家正是通过犹大出卖耶稣这一宗教题材，热情地歌颂了耶稣的光明正大、门徒们的忠诚善良和疾恶如仇；同时也无情地揭露了犹大背信弃义的叛逆行为，猛烈地鞭挞了叛徒的丑恶灵魂。这种爱憎分明的感情和鲜明的政治倾向，表现了达·芬奇坚定的人文主义立场，也是他从当时意大利人民争取祖国统一和民族独立的斗争中感受到的一种精神，同时也反映了当时意大利人民的斗争意志和道德标准，给人以巨大的精神鼓舞。

特别值得一提的是，我们所看到的只是《最后的晚餐》的复制品，并没有完全反映出达·芬奇的全部艺术构思。由于当时这幅画是画在食堂里，所以，他巧妙地运用了壁画的有限空间和画面上被描绘出来的空间，从而使狭窄的食堂，增强了深远之感。另外，他通过正确处理透视关系，把《最后的晚餐》画在食堂墙壁的上部，使水平线恰好与画中的人物和桌子构成一致。这样一来，使观众的视觉和心理产生错觉，仿佛把自己带到了耶稣及其门徒举行晚餐的食堂里去了，产生了如临其境，如闻其声的真实感。这是达·芬奇艺术的高超巧妙之处，

巨人时代的巨人　**达·芬奇**

也说明他的智慧过人。再者，达·芬奇在处理晚餐场面上，也是别出心裁，独树一帜，他没有照搬生活中围坐就餐的画法，而是把耶稣和十二门徒都一字排开坐在桌子一边，面向观众，为了突出人物而

把桌子缩小,这一创造性的处理,使画面更加集中、更加完美,起到了突出主题的作用。

总之,《最后的晚餐》这幅杰作对后世的启迪是多方面的。无论是构图上的多样性统一法则和焦点透视

← 最后的晚餐

巨人时代的巨人　**达·芬奇**

的运用，还是众多人物从外表到心灵的深刻和生动的塑造，迄今为止，都成为美术教学上经常援引的范例。

《最后的晚餐》的完成，使作为当时最伟大的美术家的列奥纳多·达·芬奇的名字，驰誉遐迩。德国大诗人歌德称赞这幅作品时写道："一切都是那么栩栩如生，一个个好像呼之欲出。各种各样的内心冲动和面部表情，刻画得入木三分，每一个人物的外形和特征，同他们所听到的、他们所遭受的完全相吻合，表情逼真而有力度。"我国文豪郭沫若也对这幅举世佳作作出高度评价，称它是伟大画卷中的最佳珍品，是欧洲艺术的拱顶之石。

→跳舞的女人创作手稿

惊人的才能

> 伟大的作品由天才起头,由勤劳收尾。
> ——儒贝尔

达·芬奇创作《最后的晚餐》的成功,绝非偶然和奇巧,这是他长期以来辛勤劳动、苦心研究的结果。其实他早在1478年就已开始着手酝酿创作《最后的晚餐》,若从这时的草图算起到这幅画完成的时间,整整有20个年头。我们从达·芬奇留下的耶稣半身像素描、门徒的头像以及他们的手腕的素描、衣着的素描等方面的资料,还有大量文字笔记来看,说明达·芬奇在这漫长的20年中,一直在不间断地进行探索、构思。在英国、德国和米兰的博物馆里迄今还珍藏着有关达·芬奇《最后的晚餐》壁画的素描共35幅。

达·芬奇创作《最后的晚餐》的成功,也和他的卓越的艺术技巧分不开。他为了磨炼自己的技艺,使自己能够更加准确地描绘人物,曾经不顾教会的

巨人时代的巨人　**达·芬奇**

→ 怒吼的士兵习作（局部）

禁令，亲自解剖了三十几具各种年龄的男人与女人的尸体。他认为人体解剖是了解人体动态的钥匙。据考证他研究解剖学前后长达40余年之久。他数量极多的解剖图，甚至大大超越了许多后于达·芬奇的人们。达·芬奇解剖人的尸体（以及部分动物尸体）作为基础的素描，不是单纯的素描，而是借助人体解剖，来判断人体组织一般的规律性，归纳起来画图。这样，他不但知道人体外部的比例，也了解人体内部的构造，当人的肢体活动时，有哪些筋腱是活动的原因，数目是多少；哪块肌肉的膨胀造成筋腱收缩，哪几条筋腱化成细薄的软骨，将肌肉包裹。因此，他借助于笔下人物的各种不同姿态，表现出不同的肌肉，而不像别人所画的人物动作，其臂上、背后、胸部、腿部总是突现着同样的肌肉群。对于人体解剖这一工作他曾十分自豪地写道："即使你对这学科有兴趣，你也可能会被那天然的臭气弄得退避三舍，或许你会害怕在晚上摆弄这被肢解的剥了皮的死尸……你还可能缺乏耐心而不够勤奋，在这方面，我不曾被贪欲或懒散所阻碍，阻碍我的只是时间的不够。"

《最后的晚餐》的成功还要归功于他的严格的写实精神。据记载，他每画一个人的时候，必先研究那个人的地位是高是低，性格是善是恶，是诚实、是轻佻、是快乐还是忧郁等等，为此他潜心研究了《圣经》，并且搜集了所有前人所作的同题材作品，进行揣摩。

达·芬奇的笔记中，有这方面的记载：一个人饮了酒并把杯子放下，把头转向说话者；另一个人合拢双手的手指，眉头紧蹙，看着自己的同伴；又一个人伸出两手的手掌，把肩耸向旁边，嘴上显示惊奇的样子……笔记里虽没有注明门徒的名字，但画家却赋予每个人物以不同的个性和表情。之后，达·芬奇开始进行画草稿的工作。

很少有哪个艺术家像达·芬奇那样画过这么多的草稿。不仅创作《最后的晚餐》，达·芬奇创作所有的艺术作品，事先都画下许多草稿。他平时尤其注重素描，以此磨炼对事物的观察力和准确的描绘力。他的画现在留下的不超过15幅，而他对风景和自然现象、人物所作的素描，却实在是数不胜数。为了积累素材，每到一处，每看到一种新事物、每每有一新的感受，就立刻用笔描绘下来。他的素描的数量不仅丰富，而且制作手法也是十分多样化的。

在他的素描画中，有少女与青年的漂亮、精神饱满的面孔，有饱经风霜的老年人皱巴巴的面孔，有的是写生的，有的是根据想象画出来的，有时仿

佛为了和这些脸孔相对照，描绘了恐怖的畸形的人的头部。还有裸体习作、自然风景、卓越的动物习作，尤其是马的素描。这些素描，有时是进行了细致描绘的完整的作品，有时是潦草的速写。达·芬奇的素描技术也十分多样化，在素描上运用了钢笔、银色铅笔，以及炭精笔。瓦萨利描绘说："画家成功地运用了各种类型的素描技术（包括棕色炭精条），操纵自如、满怀信心地在纸上表现了人物的十分复杂的动作、脸部的多种多样的表情。达·芬奇还制作了不少完美的风景素描，在这些作品中真实地记录下大自然的形形色色的变化——从万籁无声到暴风骤雨。"所有这一切都为他艺术杰作的成功打下了坚实的基础。

据说，达·芬奇在少年时代，就曾以泥塑人像着以布服，然后极细心地描绘衣褶纹路。在平时，就精心观察和研究现实生活中的各种人和事，他每见到相貌古怪的人总是尾追不舍，直到把形象完全记入心中为止。曾有一次，达·芬奇在街上看见一个卖食品的人，他觉得这个人的样子长得非常特别，于是他就停下步来，左瞅右瞧，仔细观察，而且表情不时变动，口里也念念有词。卖食品的人初始被弄得莫名其妙，俄顷便吓得落荒而逃，而达·芬奇也迈开大步，紧跟

巨人时代的巨人　**达·芬奇**

→善良的圣母

文学艺术家卷　061

其后……达·芬奇这样做的目的,就是为了去捕捉人物的特征,为创作积累素材。

为了创作犹大这个典型,达·芬奇差不多花了一年的心血,每天从早到晚深入到无赖汉聚集的地方,去寻找类似犹大的模特儿。

在创作《最后的晚餐》时,达·芬奇差不多把全部时间都放在画画上,他全神贯注,忘了吃忘了喝,几乎成了疯子。他同时代的意大利作家玛蒂奥·班杰洛1497年曾同达·芬奇相处了一段时间,他在自己的回忆录中写道:"达·芬奇习惯于一大早就攀上脚手架,从太阳升起到夜幕降临,一直是画笔不离手,而且常常是达到废寝忘食的程度。有时他三四天不动一笔,凝神在画前,一站一两个小时,对所画的形象进行审度和思考。有时,在正午时分,骄阳似火,我会看到他从韦西亚议会大厦出来,直奔修道院,爬上脚手架,给某个部位添上几笔。"

在这幅画的创作过程中,还有一个饶有趣味的小故事。修道院院长对达·芬奇的绘画工作进展缓慢表示不满,一再催促他赶紧画完,认为他有时大半天在画前沉思,完全是浪费时间。院长要求画家像他菜园的雇工一样,昼夜劳作,永不停笔。这样的催促还不算,他竟跑到米兰公爵那里唠唠抱怨,公爵无可奈何,

只好派人把达·芬奇请来,并把院长的意思婉转地告诉了他。达·芬奇不屑辩解,只说他即将完成这幅壁画了,现在画中还缺少两个头像,一个是救世主耶稣,另一个是叛徒犹大。他辛辣地对公爵说,后一空缺,他还要尽力去找,万一找不到更合适的,他准备借用一下这位无理捣乱的院长的头。公爵听后大笑不止,把在场的院长弄得十分尴尬。他悄悄地溜走,以后不再来打扰达·芬奇了。

《最后的晚餐》这幅不朽名画,历经500年沧桑,屡遭浩劫,弄得非常模糊了。达·芬奇作画时,由于采用胶油混合画法,容易脱落。1652年,愚昧无知的僧侣为了扩大门洞,把壁画中央人物的足部挖去一块。1796年,拿破仑一世军队侵占米兰,把食堂做了马厩,士兵们把壁画中的人物头部,作为他们抛掷小石块比赛的目标。第二次世界大战又遭英美军队的炮击。后来画面霉菌丛生,出现了许多原来所没有的色彩,离原来的风采越来越远了。联合国教科文组织为了保护这幅珍贵的世界名画,投入巨资进行了修复,使这幅作品重现了它昔日的风采。

达·芬奇一生潜心研究艺术的成果,体现在他的《绘画论》上。《绘画论》是在他去世之后,后人以

←施礼者圣·约翰

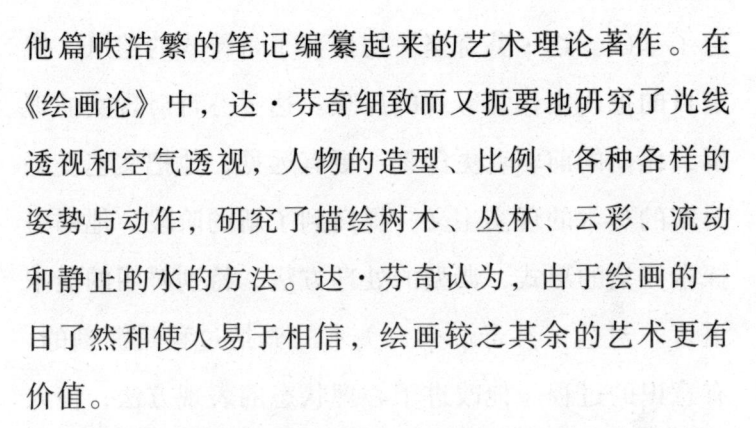

他篇帙浩繁的笔记编纂起来的艺术理论著作。在《绘画论》中，达·芬奇细致而又扼要地研究了光线透视和空气透视，人物的造型、比例、各种各样的姿势与动作，研究了描绘树木、丛林、云彩、流动和静止的水的方法。达·芬奇认为，由于绘画的一目了然和使人易于相信，绘画较之其余的艺术更有价值。

在达·芬奇看来，绘画是提供了为大师所如此重视的理智；提供了概括起来的、现实的、结果的、最理智的艺术。达·芬奇非常了解概括在创作中的意义。他说："根据眼睛的实际经验和判断，而无所用心地着手描绘的画家，是和镜子差不多的，镜子模仿了站在它面前的全部事物，可是并没有理解事物。"达·芬奇要求画家理解事物，而不是空洞地模仿事物。他坚决地主张"还没有考虑到是不是和理智相符，和自然现象相符的东西，不要放到美术品上去"。在达·芬奇看来，一个没有本领用人体来组织构图的画家，就和一个不擅长运用言语的演说家一样。

作为画家的达·芬奇，站在两个时代——初期的文艺复兴和盛期的文艺复兴时代的衔接点上。他的作品总结了15世纪丰富的美术经验，为16世纪的美术奠

定了基础。达·芬奇坚决地摒弃了哥特式的遗风,抱定目的把现实作为客观的反映。达·芬奇对现实的理解,比他的前驱者更深刻,更有远见,他把文艺复兴时期的美术的现实主义,提高到了新的阶段。他竭力探索概括的形式,典型的处理方法,特别鲜明的美术语言。对达·芬奇说来,美术的概括过程是深刻的、有意识的过程。他改进了心理状态的表现方法,使人物内心世界的揭露更加深刻。他认为为了获得庄严的气氛,必须使构图单纯化,为了加强形象的生活气息而应适当地运用明暗的对衬法则。《蒙娜丽莎》就是这样创作的。

总之,达·芬奇在艺术上的贡献是巨大的,他创造了三角形构图法,采用了山水衬景空气透视法、色阶微妙变化的高度晕染法,他谙练科学解剖学,以及善于从客观世界中吸取灵感、把握典型的高超的写实技巧等。他在谈到绘画的主旨时指出:"一个画家应该描绘两件主要的东西:人和他的思想意图。"这是他的以人为中心的时代精神的反映。

《绘画论》研究和总结了现实主义的创作方法,并且为现实主义的创作方法奠定了巩固的理论基础,对当时和以后的发展,都产生了深远的影响。

巨人时代的巨人　**达·芬奇**

→ 授乳的圣母

永没完成的作品

> 对自己不满足,是任何真正有天才的人的根本特征。
>
> ——契诃夫

1499年,由于米兰公国的崩溃,达·芬奇又回到了佛罗伦萨。这以后,他便多忙于科学研究,很少进行艺术创作。只绘制了《圣安娜》《安加利之战》和肖像画《蒙娜丽莎》。

《圣安娜》是在1499年至1501年间创作的,并且在佛罗伦萨展出。据《达·芬奇传》的作者说,这个展出轰动一时,人们扶老携幼争着前来观看"列奥纳多"的奇迹,一时间盛况空前。这幅画是描写圣家族相聚的欢乐,画面展示的是玛利亚的母亲圣安娜、玛利亚、耶稣和施洗约翰在一起玩乐的情景。达·芬奇运用少见的明暗分析法和柔和的调子来表现圣家族的天伦之乐和纯洁欢快的感情。画中人物身躯相互交叠,愉快欢欣的情感互相交融,颇为感人。

画家在绘画技巧上运用柔和的笔触衬托出在温和

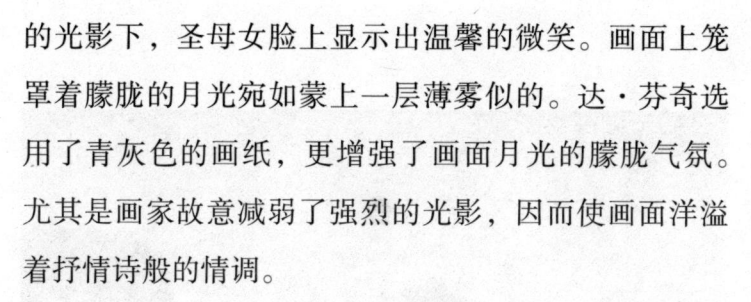

的光影下，圣母女脸上显示出温馨的微笑。画面上笼罩着朦胧的月光宛如蒙上一层薄雾似的。达·芬奇选用了青灰色的画纸，更增强了画面月光的朦胧气氛。尤其是画家故意减弱了强烈的光影，因而使画面洋溢着抒情诗般的情调。

大约在1503年，达·芬奇描绘了获享盛誉的作品《蒙娜丽莎》肖像画。蒙娜丽莎是佛罗伦萨银行家佑贡多的妻子。这幅画在同时代的人之间得到了热烈的推崇，声望达到了如此轰动的地步，以至于后来围绕着它产生了一些传说轶闻。此画现珍藏于巴黎鲁佛尔博物馆，一度被盗，后来查获。原来是一个在博物馆做木工的意大利人"偷"走了，他认为达·芬奇是意大利人，应该物归原主，回到他的祖国去。由于这件无价之宝失而复得，更觉珍贵，于是博物馆特制了一个防弹玻璃橱窗加以保护。

迄今为止，在全部世界美术作品里，只有少数肖像，就其从性格和智力的一致中体现人物个性的表现力而言，足以和《蒙娜丽莎》相提并论。正是达·芬奇这一幅肖像画精神上的高度充实，使其和15世纪的肖像形象迥然不同。研究家们指出：《蒙娜丽莎》在发展文艺复兴时代肖像艺术道路上，前进了具有决定意义的一步。

←圣安娜和带羊羔的圣母子

巨人时代的巨人 **达·芬奇**

蒙娜丽莎的温馨微笑是这幅名画的最主要特征。蒙娜丽莎坐在安乐椅上,处于用风景构成的背景之前,她的非常接近观众的形体和看起来是遥远的、仿佛拥有高山峻岭的山水相对照,使这一个形象显得非常壮丽。

据说,在画像之前,蒙娜丽莎失去了爱女,郁郁不乐,达·芬奇为了描写她美丽的微笑,事先做好布置,特地请来乐师、歌唱家,为她奏乐器、唱歌,或讲笑话,使其心情舒畅,以便艺术家能比较从容地捕捉表现在脸部的内在感情。因而,这幅肖像的脸上流露出刚刚觉察得到的迷人的微笑。这幅作品,历来为美术家所推崇,给予高度评价,被誉为"神品"。而有些人认为蒙娜丽莎的微笑是神秘的不可理解的;有的说是"魅惑的微笑";有的又说是"邪气的微笑",等等。有一个英国人,把这幅画的复制品挂在墙上,从早到晚望着她,百思不解其笑之谜,结果疯了,自己用手枪结束了自己的生命。其实蒙娜丽莎的微笑可以认为是心安理得的自信与气度从容的标志,是达·芬奇用自己的画笔揭示了新时代的序幕。

达·芬奇当时所处的正是封建制度日薄西山和资本主义方兴未艾的时代,新兴资产阶级登上历史舞台,和人民群众一道在各个领域里展开了反封建斗争。达·芬奇用他的画笔加入这个行列。这幅肖像反映了作者强烈的政治倾向。我们知道，在漫长的中世纪黑暗岁月里，欧洲被天主教会的神学所控制，教会宣扬神权高于一切，人是神的奴仆，人生来是有罪的，妇女更是罪恶的化身，人们为了赎罪，要过禁欲主义生活，没有任何思想自由和过幸福生活的权利。享受、快乐、忧伤、哭与笑都是渎神的、违反上帝意志的行为。因此，中世纪画家所画的耶稣、圣母，或是一般人的肖像，都是千篇一律的，面目呆板、僵冷、毫无生气。

达·芬奇刻画的蒙娜丽莎首先从形式上看，完全摆脱了传统的宗教题材，不是取材于《圣经》中的神话故事，而是直接取材于现实生活中的人物；再从思想内容来看，他冲破了中世纪黑暗文化势力的束缚，非常成功地表现人物的精神世界。他站在人文主义的立场上，赞美人生，歌颂了人的美，赞美了人的内在的丰富的思想感情，树立起了人性觉醒的旗帜。他表达了新时代新人物的自信心和乐观主义精神，表现了新时代新女性正视自己的生活，要求享有人生幸福这样一种强烈愿望。从画家赋予人物形象以满怀乐观与希望的表情，并以欢乐与爱慕的心情来看待现实世界这点看，这本身就具有反封建的意义。

巨人时代的巨人　**达·芬奇**

→蒙娜丽莎

文学艺术家卷　073

达·芬奇没有去描绘人物的大笑、朗笑，而是敏锐地抓住了微笑刚刚开始的一刹那的表情，以此来揭示人物微妙的内心活动，从而给观众以强烈而又深刻的印象和丰富的联想。我国著名艺术评论家王朝闻欣赏《蒙娜丽莎》这一名画时说："根据我的经验，这一形象对于同一欣赏者也会因为欣赏情况不同得到不尽相同的感受。我在不同的情绪状态之下，面对着这幅挂在墙上的名作的复制品，有时以为她将要笑，有时以为她将要收敛已流露的微笑，有时觉得她好像庄重地在想什么或观察什么，有时觉得她好像正在期待听到什么有趣的谈话。有一次大家在听唱片，眼光偶然和这形象相触，感到她在聚精会神地欣赏音乐。"总之，这是一幅耐人寻味的杰作，人们凭着自己的生活经历，能不断"发现"作品的新的含义，使人百看不厌。

达·芬奇把蒙娜丽莎的神态描绘得极其生动自然、纯朴而又甜蜜。为了不分散观众的注意力，画家着力刻画人物形象的脸部、胸部和手。蒙娜丽莎的脸部极富表现力，由明到暗的变化，笔调柔和细腻，有着天真无邪的令人神往的生命力。苏联艺术史家别尔西阿诺娃说："她的面孔既不是漂亮的，也不是青春的，但是它像镜子一般，反映出几乎是无法捉摸的、变化着的思想和感情上的差异。列奥纳多作品的魅力也正是在这里。"她那嫣然一笑的神情，宛如一丝笑意擦过了脸庞。达·芬奇的高超的艺术技巧，就在于表现了这种微笑的妙处，表现了人物喜悦而不失其端庄、宁静，快乐而不失其温雅的复杂表情。蒙娜丽莎的微笑是借助心灵之窗的眼睛传神的，艺术家把眼睛画得别具神采，脉脉含情。脸颊隐现了两个酒窝，嘴角微皱，双唇极其自然地传达了蒙娜丽莎的会心微笑。据瓦萨利记载，蒙娜丽莎的嘴唇和面颊上原来还带有一抹神奇的绯红色，可惜现已褪去。她那蒙着黑纱的两绺长发，很自然地披在肩上。她那袒露的胸脯，有着女性细嫩皮肤的质感，显示出健康的生气勃勃的女性美。瓦萨利说："细看她脖子下面的洼处，仿佛可以看到脉管在跳动。"另外，画家还花了很大的工夫来刻画人物的双手。从画中我们可以看到，她那富于表情的双手颇具有肌肉质感，手指纤长，柔嫩丰满，自然而又安详地放在椅背的靠手上。特别是那只右手，被誉为美术史上最美的一只手，这只手富有体积感、重量感，尤其是更富有生命力。这是达·芬奇在技巧上做出的创造性的贡献。由于画家对手的精确描绘，使脸部和双手的表情看起来非常和谐，由此对形象的性格描写起了辅助和烘托的作用。同时，

← 蒙娜丽莎的侧面像

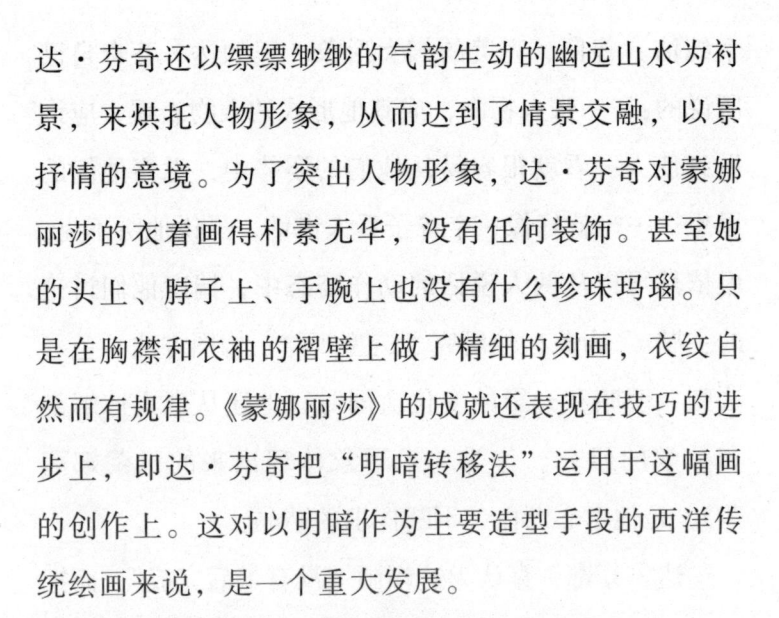

达·芬奇还以缥缥缈缈的气韵生动的幽远山水为衬景，来烘托人物形象，从而达到了情景交融，以景抒情的意境。为了突出人物形象，达·芬奇对蒙娜丽莎的衣着画得朴素无华，没有任何装饰。甚至她的头上、脖子上、手腕上也没有什么珍珠玛瑙。只是在胸襟和衣袖的褶壁上做了精细的刻画，衣纹自然而有规律。《蒙娜丽莎》的成就还表现在技巧的进步上，即达·芬奇把"明暗转移法"运用于这幅画的创作上。这对以明暗作为主要造型手段的西洋传统绘画来说，是一个重大发展。

英国一位美术家写道："蒙娜丽莎从心灵到肉体，都是精心创造出来的一位美丽女性，奇异的思想，缥缈的梦幻和极度的热情，都融汇于她的一身。"总之，《蒙娜丽莎》的问世，彻底战胜了艺术领域内以神为中心的宗教画，它深刻地揭示了女性美的强大诱惑力和感染力，牢固地建立了以人为中心的艺术思想，充分体现了时代精神。

《蒙娜丽莎》是一幅不太大的画面，长77厘米，宽53厘米。这张肖像前后画了四年，这在绘画史上是罕见的。《蒙娜丽莎》绘制过程如此之长，这是因为他在不断探索，他要寻找最新的艺术语言，并要用尽善尽美的形式，表现一个摆脱了中世纪束缚的"人"，一

个纯洁、善良、完美的妇女形象。正如达·芬奇自己所说的："一张人物画，或其他形式的人物表现，应该做到使人一看就很容易从他们的姿势中，觉察他们的思想，……就好像一个聋子看人讲话，虽说他听不见，但依然可以从两人说话的动作姿态中，揣度他们讨论的主题。"为此，他研究了造型规律、构图方法、色彩法则、明暗和光影的变化。同时，他还从事人体解剖和数学的研究。作为艺术形象体现出来的《蒙娜丽莎》，是他呕心沥血、不断探求的结晶。

达·芬奇一直认为这幅画"没有最后完成"，而把它保存在自己的身边，1516年当他离开故乡去法国时，他带着不多的行李——其中包括他学术研究的手稿和这幅《蒙娜丽莎》长途跋涉，越过阿尔卑斯山，《蒙娜丽莎》一直伴随着达·芬奇，直到他1519年去世。

由于达·芬奇的永无止境地追求精益求精、要求完美无缺的作风，使得他的许多作品都没有最终完成，有的只停留在草图上。

达·芬奇去世后，他的忠实的学生弗朗切斯柯·米里切在老师没有来得及写完的手稿上，模仿着老师的笔记，写下了最后一句话："他的一切创造，没有一件他认为是完成了的。"

巨人时代的巨人　**达·芬奇**

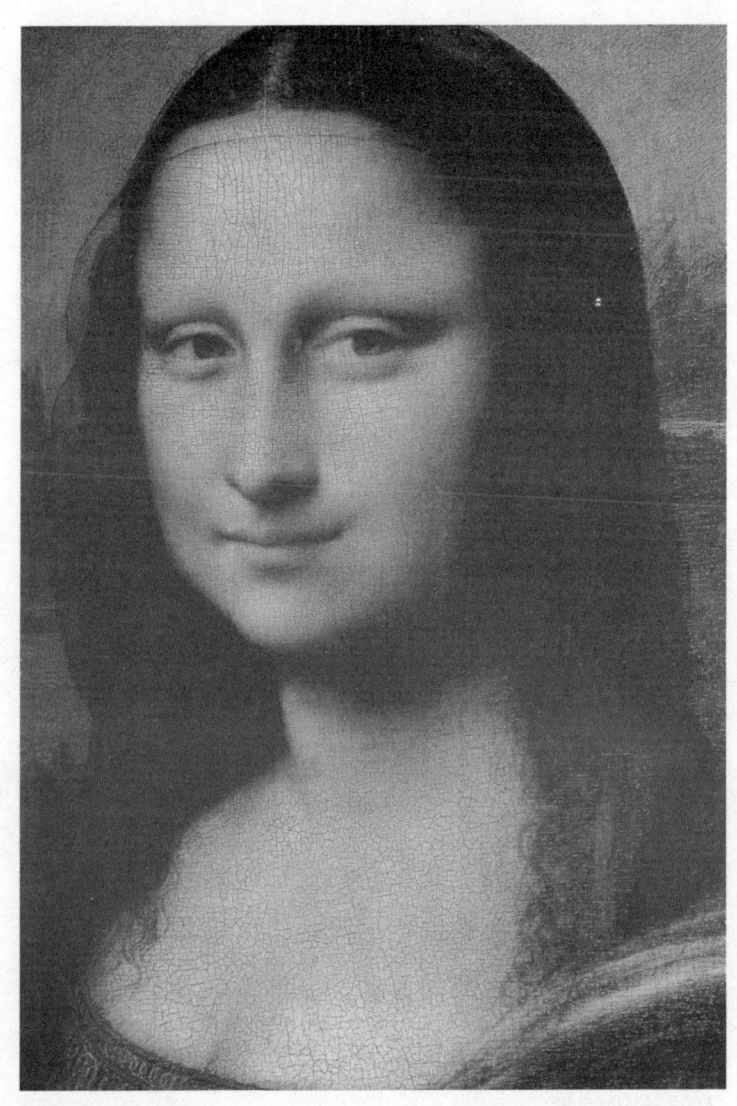

→蒙娜丽莎

两位伟人的竞赛

> 愈是睿智的人,愈有宽广的胸襟。
> ——斯达尔夫人

米开朗基罗·波纳罗蒂和达·芬奇是同一时代的人,与达·芬奇一样,也是一位多才多艺的巨擘。他是意大利文艺复兴盛期著名的雕刻家、画家、建筑师和诗人。他与达·芬奇、拉斐尔齐名,史称"文艺复兴艺坛三杰"。

米开朗基罗与达·芬奇、拉斐尔的艺术一样,同样具有强烈的个性。达·芬奇的艺术博大精深,擅长人物内心世界的刻画,人物感情表现得细腻入微;拉斐尔的艺术,秀美、典雅、和谐;而米开朗基罗的艺术一扫意大利宁静和精美的风格,以雄浑、豪放、宏伟、强健和充满激情而著称。他的绘画有很强烈的雕塑感,刚劲有力,充分显示了古代罗马的后裔意大利人的英雄气概。

不少资料记载,米开朗基罗为人心胸狭窄,嫉妒达·芬奇的才能，对他总是采取不友好的敌视态度。

一天，达·芬奇信步走过佛罗伦萨特里尼达广场，几位知名人士正在谈论但丁的作品。其中一人见了达·芬奇，对大家说："先生们，这位大师可以解决我们争论的问题。"恰好，这时有一个青年人，向广场走来。达·芬奇笑容可掬地指着他说："米开朗基罗先生来了，他对但丁的作品最有研究，先生们，你们最好请他来解释吧！"米开朗基罗听了此话后，冷语道："你自己解释好了！"然后大声讥剌地笑道："你不是什么都能做吗？你不是做了一个马的模型，因为铸不成铜像而放弃了吗？"说完就走过了广场。后来达·芬奇到了罗马，在那里由于受到重用的米开朗基罗的攻击而使达·芬奇无法立足，只好离开。

1503年10月，佛罗伦萨政府和人民希望达·芬奇能为故乡留下一些纪念品。于是聘请他为佛罗伦萨佛基奥宫五百人会议厅绘制壁画《安加利之战》，安加利之战是1440年佛罗伦萨人战胜米兰人的战争。1504年2月，达·芬奇开始动笔。佛罗伦萨政府一开始并没有邀请米开朗基罗也为佛基奥宫五百人会议大厅绘制壁画，可是米开朗基罗闻听达·芬奇受聘后，毛遂自荐，坚决要求市政厅批准他作画，他想压倒当时的画坛权威列奥纳多·达·芬奇。但当时的佛罗伦萨市长认为

←圣安娜和圣母及其幼儿圣约翰

米开朗基罗是雕刻家，不是画家。不同意他作画。他一气之下，日夜奋战，在三天之内拿出了《亚诺河士兵洗澡》的草图，终于以事实说服市长，批准他为大厅制作壁画。

1504年8月，米开朗基罗受聘在同一个大厅的对面墙上绘制《卡希那之战》。卡希那之战描写的是1364年佛罗伦萨人在卡希那战胜比萨人的战争。这样，两位艺术家面对面地在故乡展开了绘制巨幅壁画的竞赛，这件事轰动了佛罗伦萨全城，成为西洋美术史上的佳话。

两位艺术巨匠绘制壁画的题材都是描写战争的，但描绘的角度却是不同。

《安加利之战》的画面是四个头戴兜鍪，身穿甲胄的骑士，骑在马上的正在为争夺一面军旗而厮杀，他们表现出无比狂怒的神情，面孔凶狠。双方展开了白刃战，还表现在马下的士兵，躺在血泊中相互拼死搏斗，连双方的战马也都加入了战斗的行列，它们相互踢蹄、撕咬。在这一件作品上，战斗的惊心动魄的狂暴是如此明确、如此印象深刻地被体现出来，这样的作品是很难想象的，在殊死的搏斗中纠缠着的人体扭成一团；由于盛怒与情绪激昂而大叫大喊的战士；彼此互咬的惊慌失措的坐骑；处于马蹄践踏下的步兵；

狂暴地握紧折断了的旗杆的骑士的手，刀光剑影，在庞大的纪念性构图上，用卓绝的技术描绘出来的这一切，具有迥非寻常的感染力。这说明达·芬奇力图通过这幅画来彻底揭露战争的罪恶，唤醒、激发人民起来反对和制止非正义的战争。

米开朗基罗的《卡希那之战》中，没有去描绘战斗最激烈的场面，而是别开生面地选择了战争即将开始的时刻。他描绘了正在沐浴的佛罗伦萨战士，当时军号吹奏的信号告诉他们敌人已经逼近了。裸体是米开朗基罗进行英雄气概概括的主要手段，他的草图上的形象，借助于这样的手段，而具备了慷慨激昂、气度豪迈的倾向，体现了每个战士的高昂的爱国主义热情。整个画面是这样的：在亚诺河上，有一群士兵正在洗澡，突然听到了军营中战斗号角声，他们从水中跑上岸，赶紧穿衣服，急急忙忙地准备应战。有的在岸上伸手拽水中的人，有的拼命往岸上爬，有的正在穿衣甲，有的正在拿武器，各种各样的动作、姿态和表情，显得非常急迫紧张。有趣的是其中有一个老兵，动作迟缓，他头戴一个常春藤圈成的帽子，坐在地上穿裤子，因腿上有水很湿，正在使劲儿地往腿上拽裤子，在嘈杂的武器铿锵声、战士的呼叫声和阵阵的战鼓声中，仓仓皇皇，好不容易才穿上一条裤腿，连他

巨人时代的巨人　**达·芬奇**

→圣安娜和圣母及其幼儿圣约翰（局部）

文学艺术家卷　085

头上全部肌肉和筋脉都紧张起来了,由于太用劲儿,嘴也向一边咧开,甚至连脚尖都在用力。画面上还可以看到鼓手和有的士兵在仓促中,抓起衣服,赤身裸体地赶忙去应战。这一切都表现了他们保卫祖国的昂扬士气。米开朗基罗的这幅画歌颂了普通战士的伟大的爱国主义精神。

达·芬奇坚决反对非正义的战争,他采取了揭露的态度,认为非正义的战争是"最野蛮的愚蠢行为"。米开朗基罗则从另一个角度,来热情歌颂正义的战争,赞美普通士兵保卫祖国英勇牺牲的爱国主义精神。两位艺术家表现的内容也不一样,达·芬奇选择战争进入最紧张最激烈的夺取军旗的高潮时刻,而米开朗基罗则表现的是战争即将开始的时刻。尽管角度不同,内容不一,但他们作品的艺术效果却同样都是非常精彩的。

可惜的是,曾经被誉为"全世界典范"的这两幅作品,在还没有完成的时候,就毁于1512年。虽然这两幅杰作都被毁掉了,但是我们仍然可以从同时代人的摹本、作者本人的速写草图以及后人的复制品中窥其概貌。

对《卡希那之战》,达·芬奇给以很高的评价,达·芬奇豁达大度,对米开朗基罗从来没有说过一句坏话。

巨人时代的巨人　**达·芬奇**

苏联美术史家古贝尔说:"我们无论在哪里,无论在哪一个历史资料中,都没有看到列奥纳多敌视米开朗基罗的迹象。谁也没有告诉我们,列奥纳多提到米开朗基罗时,曾发过一次脾气,讲过一次刻薄的话。列奥纳多是一个真正的学者,他的清醒的理智只知道一种论证,即用观察自然的方法所达到的和借数学来检查过的客观真理。可是米开朗基罗对列奥纳多却怀着深刻的仇恨。同时代的人都记得米开朗基罗·波纳罗蒂对列奥纳多·达·芬奇的粗暴的侮辱的言行。"

这一切充分体现了伟大艺术家对人才的爱惜和风格的高尚。

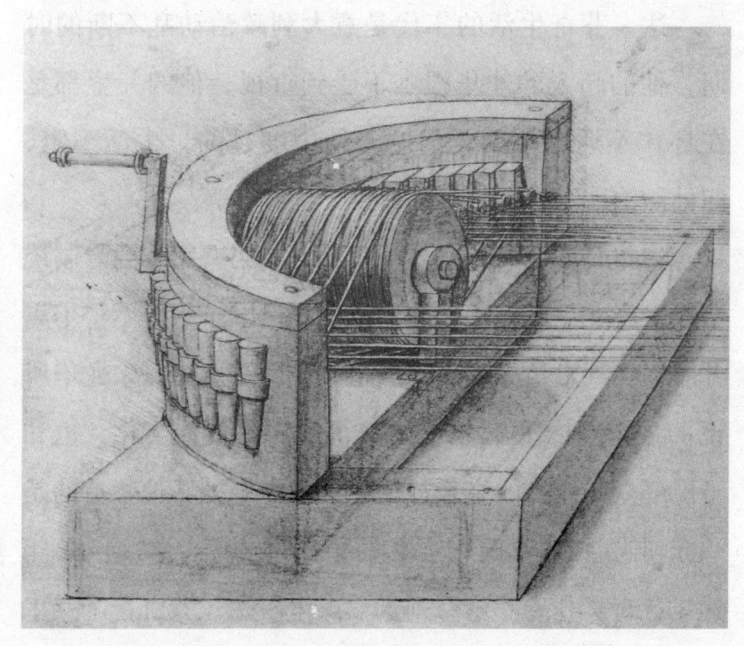

→手工制作绳索的机器设计图

怀才不遇的一生

> 幸运遭到阻挠,活动受到限制,愿望得不到满足,这些都不是某个特殊时代的,而是每个人都碰得着的不幸事件,伟大的人更不例外。
> ——歌德
>
> 人生,可并不总是快乐的。
> ——莫泊桑

达·芬奇生活的年代是意大利政治动乱不断的时期,他的超人的才华根本不受到重视,他的一生都是在怀才不遇、报国无门的心情中度过的。生活不定,四处漂泊。

青年时期的达·芬奇由于反对美第奇家族的专制统治和贵族文化而无法在佛罗伦萨立足,于是他不得不离开故乡,到米兰寻求生路。正如我国美术史家朱龙华所说:"列奥纳多既没有屈服于美第奇的贵族文化,也和下层群众间流行的宗教神秘主义很少牵扯。他坚持的是一条唯物主义和现实主义的道路。"就这样,1482年达·芬奇离开佛罗伦萨到米兰谋生。达·芬奇在米兰工

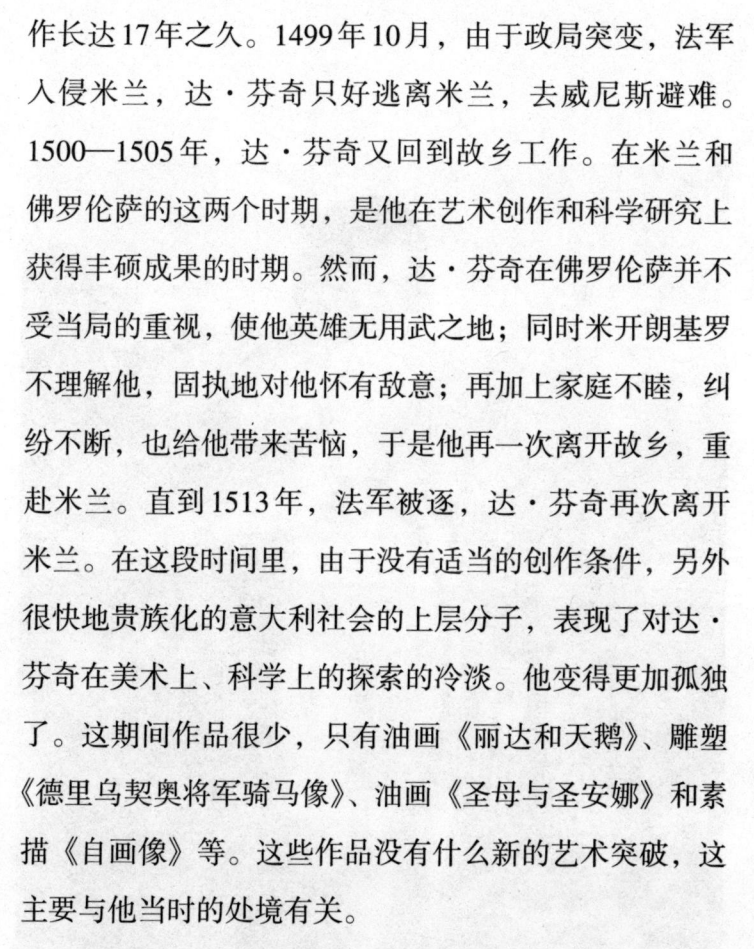

作长达17年之久。1499年10月,由于政局突变,法军入侵米兰,达·芬奇只好逃离米兰,去威尼斯避难。1500—1505年,达·芬奇又回到故乡工作。在米兰和佛罗伦萨的这两个时期,是他在艺术创作和科学研究上获得丰硕成果的时期。然而,达·芬奇在佛罗伦萨并不受当局的重视,使他英雄无用武之地;同时米开朗基罗不理解他,固执地对他怀有敌意;再加上家庭不睦,纠纷不断,也给他带来苦恼,于是他再一次离开故乡,重赴米兰。直到1513年,法军被逐,达·芬奇再次离开米兰。在这段时间里,由于没有适当的创作条件,另外很快地贵族化的意大利社会的上层分子,表现了对达·芬奇在美术上、科学上的探索的冷淡。他变得更加孤独了。这期间作品很少,只有油画《丽达和天鹅》、雕塑《德里乌契奥将军骑马像》、油画《圣母与圣安娜》和素描《自画像》等。这些作品没有什么新的艺术突破,这主要与他当时的处境有关。

《丽达和天鹅》是达·芬奇大约在1506年左右创作的一幅油画,此画取材希腊神话故事。描写的是丽达和众神之王宙斯之间的恋情。丽达是一位美丽的仙女,孤身一人居住在一个荒岛上。这里风景优美,气候宜人,但她却孑然一身,感到非常孤寂,她常常躺在树荫之下,仰望苍天,数着飘动的浮云,这些浮云

←丽达与天鹅

有来有往，有高有低，有浓有淡，有散有聚，变幻莫测。有一天，她突然看到天际飞来一朵闪光的祥云，由远而近，向她飞来，当它飞近时，仔细一看不是云彩，而是一只晶莹洁白的大天鹅，十分美丽、健壮，它慢慢走向丽达，依偎在她的身旁。丽达特别高兴，她非常喜欢这只雄健优美的大天鹅，不断用手抚摸它的洁白美丽的羽毛。久而久之，他们成了亲密的朋友。然而，这位孤单寂寞的少女怎么也没有想到这只天鹅竟会是"众神之父，万人之王"宙斯变的。他们彼此相爱，结为夫妻。后来丽达怀孕，生下一个大鹅蛋，破壳而出的是两个男孩，一个叫卡斯托尔，另一个名叫波吕斯克。另有一说，生的是一男一女，男的为波吕斯克，女的为有名的绝代美人海伦。

达·芬奇画中表现的是丽达和天鹅相聚的场面。整个画面生机勃勃，情趣盎然。周围的自然风景非常优美，蔚蓝的天空，远处是群山环绕，有河流湖泊。近处有树木，画的右边有一株大树，左面与之对称的是突起的山峦。山下有房屋、小桥。在这美好的大自然怀抱里，有一位身材优美、健康的少女展现在人们面前，她那袒露的身体充满了青春活力，这就是丽达。丽达身边是矫健的天鹅，画面左下角一对白胖的幼儿在天真地嬉戏，争抢着手中的鲜花。遍地都是盛开的鲜花和绿草，还有一双小白鸽遥遥相对。艺术家在画中着力歌颂人体美、歌颂大自然的美，讴歌人生，赞美人们对幸福生活的向往，对爱情的渴望和强烈的追求。这些都充分体现了艺术家的先进人文主义思想。

《德里乌契奥将军骑马像》是1506—1511年创作的，没有完成。达·芬奇在构思中，也像斯福查的骑马像一样，举棋不定于两种构图之间，是用前脚跳起的马好，还是用静止状态前进的马好。但从其弟子依据他的构图所作的青铜马裸体骑士铜像模型来看，达·芬奇采用了前脚跳起的马。这件作品的铜制模型现藏于匈牙利布达佩斯美术陈列馆。

《圣母子与圣安娜》油画，创作于1506—1507年，画长168.5厘米，宽130厘米。与1501年创作的《圣母子与圣安娜》素描内容相同，但不同点有三：一是构图上比素描严谨；二是在人物的内心刻画上不如素描生动富有诗意；三是取消了施洗约翰。画面背景有优美的山水风景，前景是玛利亚横坐在她母亲安娜的膝上，扭转身去抱儿子耶稣，耶稣抓住小羊，想要骑羊，回过头瞅母亲，而外祖母则稍稍低头，以纯洁的微笑注视着自己的外孙子。从这一构图紧凑的群像来看，充分体现了圣家族天伦之乐的欢快情感，颇赋诗意。不过玛利亚坐在圣安娜膝上大有支持不住其重量之感，

巨人时代的巨人　**达·芬奇**

→圣母子与圣安娜

同时油画不如素描生动自然。

达·芬奇于1509—1512年创作了《施洗约翰》，此画有两点突出：一是他把约翰也画成微笑形象，所以自此人们称他为"微笑画家"。这种微笑已成模式，无任何新鲜感，这是他晚期创作的一大特点。二是约翰画得有点像女性，这是他创作的又一个特点。

1512年创作的素描《自画像》可能是达·芬奇最后一幅作品。我国著名艺术家许幸之说："人们从这幅自画像里，可以看出巨匠的思考力、智慧和性格的特征。人们可以看到那具有坚强不屈的意志的鼻梁和嘴唇，洞察一切事物的敏锐而深刻的眼睛。波浪式的长发联结着长须，掩盖着深思而庄严的脸。给人留下一个具有无限生命力的伟大师匠的印象。"

达·芬奇的晚年生活极度苍凉。加剧了经济危机的法国对意大利的入侵，经常不断的内乱，政治局势的不稳定，这一切促使达·芬奇为了给创作良好的作品准备适当的条件，不得不开始了从此城到彼城的屡次迁徙。

此时的达·芬奇已成为一名杰出的思想家，他的思想显然地与当时的政局格格不入，他坚信科学，常常流露出对宗教的怀疑和厌恶。瓦萨利说："达·芬奇不信任何宗教，认为当一名哲学家比当一名基督徒高明得多。"达·芬奇抨击天主教会，说它是"一个贩卖

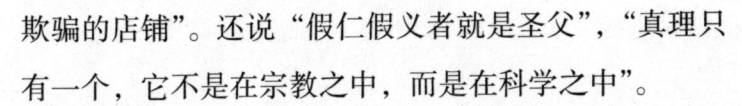

欺骗的店铺"。还说"假仁假义者就是圣父","真理只有一个,它不是在宗教之中,而是在科学之中"。

到15世纪末期,由于新航路的开辟和商业中心的转移,佛罗伦萨的经济也逐渐衰落,艺术中心从这里转移到了罗马。

当时的罗马教廷出于称霸欧洲的野心和享乐主义思想,不惜重金从意大利各地招来许多艺术家。尤其是教皇朱理二世和利奥十世统治时期,召来了以米开朗基罗和拉斐尔为代表的诸大师,逐渐形成了具有自己独特艺术风格的罗马画派。

1513年9月,达·芬奇应新任教皇利奥十世的兄弟朱良诺·美弟奇之请也来到了罗马。但达·芬奇绘画所追求的艺术风格、艺术形象和艺术技巧等显然与罗马画派完全不同,他在这里遭到了冷遇。当时拉斐尔是教皇所宠爱的红人,米开朗基罗也正在为教皇紧张地工作,惟独达·芬奇不受教皇的重视,什么任务也不给他,尽管朱良诺一再向教皇请求也是徒然。达·芬奇此时变得落落寡合,孤独寂寞。尽管如此,他并没有垂头丧气,一蹶不振,他开始专心致志地从事科学研究,到医院去解剖尸体,可是又遭到流言蜚语的中伤,说他是巫士,教皇立刻勒令他停止解剖工作。他在罗马的处境日益艰难,几乎无法生存。他的

← Giampietrion 根据达·芬奇的创意所绘制的作品 丽达和她的孩子

一个心爱徒弟愤世嫉俗,以自杀来表示反抗。还有一个徒弟,在无可奈何的情况下,背离了他,投奔到拉斐尔的门下乞食。

在这样的情况下,他带着十分沉重的心情和年迈多病的身体,于1513年至1516年间奔走于罗马与佛罗伦萨之间。而此时的佛罗伦萨,往日的盛况也不复存在了,工业一蹶不振,当时的多米尼克教团又大肆宣传迷信,悲惨和绝望的气氛笼罩着佛罗伦萨,人们再度坠入到中世纪的迷信狂热中去,过着忧伤惨淡的生活。前辈画家的波提切利、巴陀罗米欧等都沉沦于迷信的教义之中而放弃了创作活动,1510年波提切利在绝望贫病中死去。

达·芬奇在生活上的遭遇,他在当时的意大利无法找到进行工作的有利条件而导致的永无休止的流浪生涯,仿佛成为他贯穿着一生的高度紧张的创作活动的反衬。因此,当法国国王法兰西斯一世表示可以给他宫廷画家职位的时候,达·芬奇接受了这一邀请,于1517年到达法国,从此才结束了他长期的漂泊生涯。在法国他安静地度过了晚年。他和弟子梅尔兹、沙莱从事科学技术研究,不懈地进行宫殿设计,拟制运河灌溉系统、整理手稿等,很少作画,只留下了内容包罗万象的7000多页手稿,然而,好景不长,法国

上层社会学习达·芬奇的风度、衣着，并不期待他从事创作。达·芬奇由于远离故乡，身处异国，常常怀念祖国，又不能为自己找到创作上的力量，在心灵上感到异常空虚，他的身体过早地衰老了。因此，他写道："铁如果找不到自己的用处就会生锈，水如果静止了就会腐败，或者在寒冷中结冰，而人的智慧如果找不到自己的用处就会衰萎。"死亡终于降临了，1519年4月19日，达·芬奇得了重病，他在临终前写道："劳动一日，可得一夜的安眠；勤劳一生，可得幸福的长眠。"5月2日，这位人类智慧的精英、科学巨匠、艺术大师与世长辞了，终年67岁。他的学生梅尔兹在他死后写到："列奥纳多的逝世是每一个人的损失……大自然没有能力重造这样一位伟人了！"

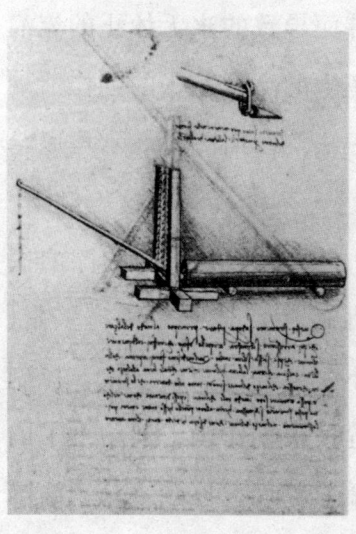

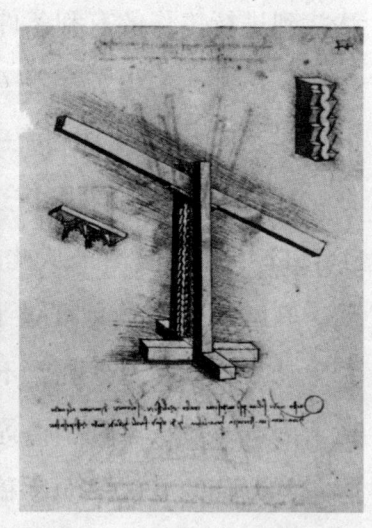

← 担升一个梁的设计图

巨人时代的巨人 **达·芬奇**

→ 衣纹习作（局部）

不知疲倦的万能巨匠

> 造就伟大事业的不是力量,而是坚持。
> ——约翰逊

一生勤奋、孜孜不倦的达·芬奇,兴趣极其广泛,他的思想和才能几乎深入到人类知识的各个领域。他身上总是带着笔记本和笔,凡有新的见闻、思考、启示和问题,都随时笔录下来。研究家们认为,达·芬奇有一个最突出的特点,就是对宇宙怀有无穷的疑问和不倦的求知精神。正如我国学者郭沫若所说:"对于达·芬奇重要的事情是征服自然,开拓人类向上进步的道路,提高人类的幸福。绘画艺术是他为实现这个目的的一种武器,为了实现这个目的,他努力深入到知识领域的一切方面。反之,凡是和这个目的相冲突的,他就坚决地加以摒弃。达·芬奇拒绝从宗教出发的一切独断的臆想,而只从科学的实证和理性的思考中去追求真实的知识。由于当时既有的科学研究成就还有限,因此,在所涉猎到的一切方面,他都独创地、

巨人时代的巨人　达·芬奇

大胆地做了自己的研究、实验。从达·芬奇的身上，人们可以看到一个不知疲倦地探寻真理的典型。"

　　达·芬奇在自然科学领域里做出了惊人的贡献。他的眼光和科学知识水平已超越了他的时代，他打开了通往现代和未来的大门，现代科学界花了四个多世纪之久探索出的许多东西，天才的达·芬奇早已预见到了，或是早就发现和发明了。他在自然科学方面的贡献是多领域的，几乎自然科学的每一个部门，以及当时工程技术的许多部门，他都有所发现、发明和创造。在医学、解剖学、生理学、数学、力学、光学、物理学、化学、植物学、生物学、动物学、天文学、地理学、地质学、军事科学、宇宙学、机械学、水力学、土木工程学、水利工程学和城市工程学等领域成就卓著，在技术方面也有许多重大发明和革新。特别使人感到惊奇和敬佩的是他采用的研究方法比前人和同时代的人都要先进得多。文艺复兴时代，特别是它的早期前段，有许多学者都盲目崇拜古代的权威和古典著作，他们只相信古代学者亚里士多德的学说，只信文字的记载，而反对或不去向大自然学习，不去向自然界本身寻求知识和真理。达·芬奇则反其道而行之，他提出了以造化为师，鼓励人们向大自然学习。他说自然界是众师之师。他认为"认识起源于实践，

←素描习作（局部）

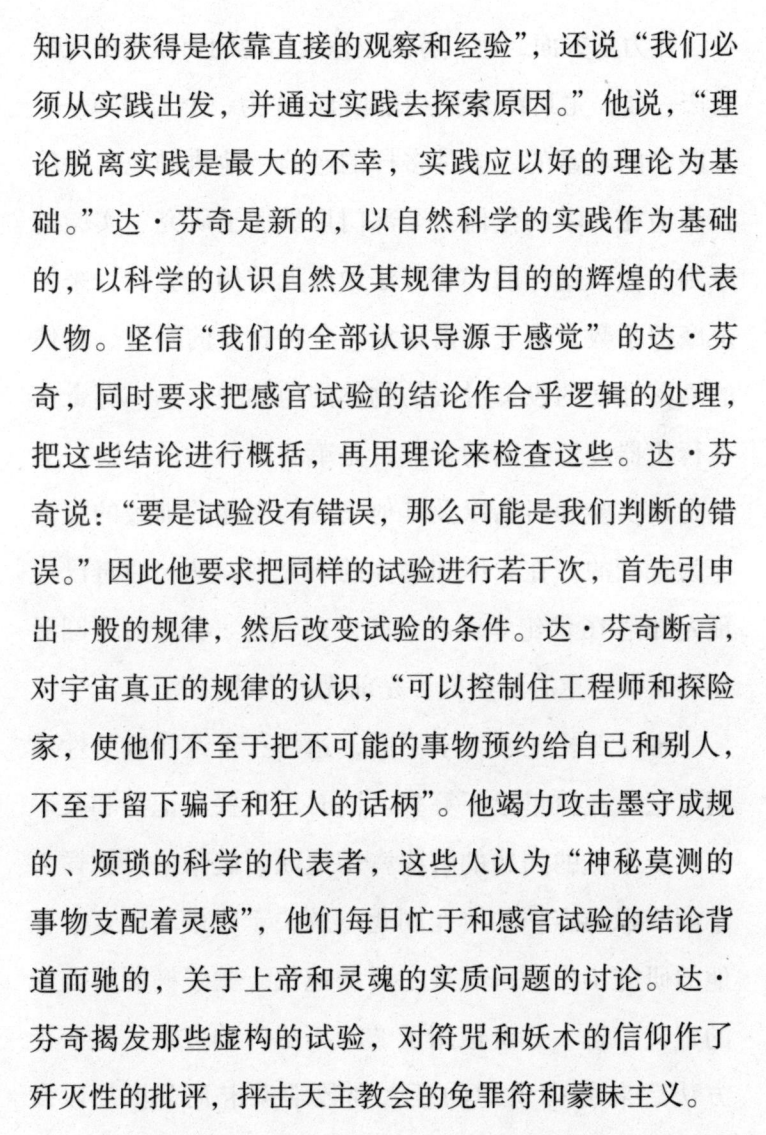

知识的获得是依靠直接的观察和经验",还说"我们必须从实践出发,并通过实践去探索原因。"他说,"理论脱离实践是最大的不幸,实践应以好的理论为基础。"达·芬奇是新的,以自然科学的实践作为基础的,以科学的认识自然及其规律为目的的辉煌的代表人物。坚信"我们的全部认识导源于感觉"的达·芬奇,同时要求把感官试验的结论作合乎逻辑的处理,把这些结论进行概括,再用理论来检查这些。达·芬奇说:"要是试验没有错误,那么可能是我们判断的错误。"因此他要求把同样的试验进行若干次,首先引申出一般的规律,然后改变试验的条件。达·芬奇断言,对宇宙真正的规律的认识,"可以控制住工程师和探险家,使他们不至于把不可能的事物预约给自己和别人,不至于留下骗子和狂人的话柄"。他竭力攻击墨守成规的、烦琐的科学的代表者,这些人认为"神秘莫测的事物支配着灵感",他们每日忙于和感官试验的结论背道而驰的,关于上帝和灵魂的实质问题的讨论。达·芬奇揭发那些虚构的试验,对符咒和妖术的信仰作了歼灭性的批评,抨击天主教会的免罪符和蒙昧主义。

　　达·芬奇是一位天才的学者。由于他的深刻的观察和洞烛一切的目光,以及孜孜不倦的追求,从而丰富了所有的学术部门。

在力学方面，达·芬奇也像运用他的前驱者的文献遗产一样，尤其着重于运用他自己作为一个工程师——实践家的丰富的、多种多样的经验。他执拗地、始终不渝地在力学的任何一个部门里贯彻了研究、实验的原则。他以这样的实验方法做史无前例的尝试，来判定摩擦系数，研究冲击现象，各种材料的阻力、物体的跌落和横的投掷过去的物体的抛物线。达·芬奇在飞行机器设计方面的尝试，是革新者的尝试，这一尝试是以实验和对鸟以及其他飞禽的飞翔的细致的观察作为基础的。在人体和物体的研究中，达·芬奇已经预先知道16世纪学者后来的发现。达·芬奇对半圆形和四面体的重心的研究，是前无古人的创举。

和写下札记的力学不同，达·芬奇纯粹数学性质的笔记，在数量上不算多。同时，这些札记是和技术上、美术上的问题的解决密切地联系起来的。同样大小的面积与容积的改变问题以及关于齿槽的探索，在他的研究工作中占有最主要的地位。关于椭圆形面积的定义，达·芬奇运用了"除不尽"的方法，这一个方法后来由17世纪的意大利数学家卡瓦莱里加以发展。研究家们公认，在数学上首先使用加（+）、减（-）符号的是达·芬奇。他还发现了立体几何学中关于正六面体、球体和圆柱面积之间关系方面的规律。

巨人时代的巨人　**达·芬奇**

→向别人吹号的男子习作

文学艺术家卷 105

达·芬奇认为在科学中，凡是用不上任何一种数学的地方，凡是和数学没有联系的地方，都是不可靠的。

达·芬奇致力于艺术创作，因此需要掌握人体解剖知识。他的人体解剖图不但精细正确，而且还是非常出色的艺术品。达·芬奇在这些素描里初次提供了前额的楔形的与上额的穴的图画，还有脚掌的踝骨等的图画。达·芬奇是第一个正确地肯定了人体臀部椎骨数目的人。他的解剖不仅说明了人体组织，而且也说明了人体组织的机能，并且竭力尽可能地提供生命过程的力学方面的阐释。在这一方面，达·芬奇是生理学所谓核心力学派的前驱者。他从解剖学进而研究生理学和医学。他是用蜡来表现人脑内部结构的开创者，也是第一个设想用玻璃和陶瓷制作心脏和眼睛活动模型的学者。达·芬奇也致力于胎生学的研究，打算在写作解剖学方面综合性的著作时，把关于胎儿成长的说明放在这一著作的前面。达·芬奇还是一位最先绘制开放着子宫（内有胎儿）图像的医生。他发现了血液的功能，认为血液对人体起着新陈代谢的作用。他说血液不断地改造全身，把养料带到身体需要的各个部分，并把废料带走，好像一座火炉，既要添柴，又要除灰一样。达·芬奇还研究过心脏的肌肉，发现心脏有四个腔，并画出心脏瓣膜。认为心脏是人体的

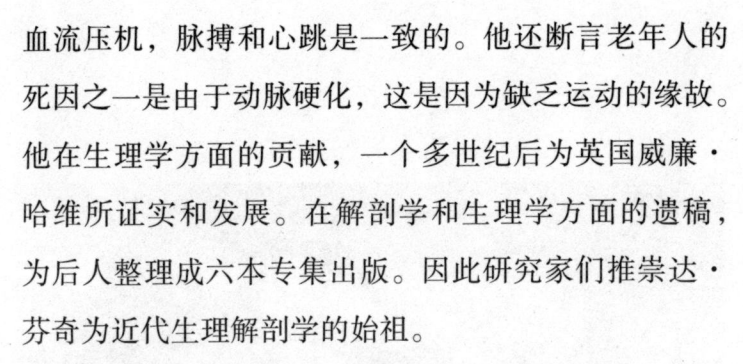

血流压机,脉搏和心跳是一致的。他还断言老年人的死因之一是由于动脉硬化,这是因为缺乏运动的缘故。他在生理学方面的贡献,一个多世纪后为英国威廉·哈维所证实和发展。在解剖学和生理学方面的遗稿,为后人整理成六本专集出版。因此研究家们推崇达·芬奇为近代生理解剖学的始祖。

在物理学方面,达·芬奇预示了惯性原理,后来为伽利略的实验所证明。他认为一个抛射体最初是沿倾斜的直线上升,接着在引力和冲力混合作用下作曲线位移,最后由于冲力耗尽而在引力作用下垂直坠落。他的这一发现使亚里士多德的落体学说发生了动摇,可以说是开了引力学之先河。达·芬奇还发展了杠杆原理,除力与臂长的关系外,还计算出速度与臂长的关系。在其手稿中有滑车的各种组合方式的图画,他还做了重量与力量的计算。达·芬奇明确指出,想以"永久运动"作为能源是不可能的。他说:"请看那些想发明永动机的人们,他们完成了什么呢?去吧!去和炼丹士一样的落空吧!"

达·芬奇丰富了阿基米德的液体压力概念。指出在连通管中,同一液体液面的高度是相同的;不同的液体,在连通管中液面的高度则不同,其高度与液体密度成反比。他由此涉及水利学问题:由管口流出的

←素描习作（局部）

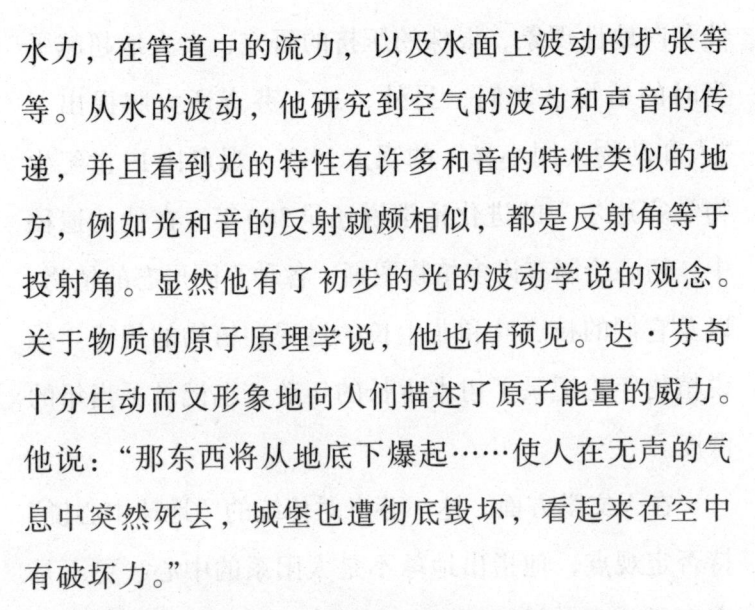

水力，在管道中的流力，以及水面上波动的扩张等等。从水的波动，他研究到空气的波动和声音的传递，并且看到光的特性有许多和音的特性类似的地方，例如光和音的反射就颇相似，都是反射角等于投射角。显然他有了初步的光的波动学说的观念。关于物质的原子原理学说，他也有预见。达·芬奇十分生动而又形象地向人们描述了原子能量的威力。他说："那东西将从地底下爆起……使人在无声的气息中突然死去，城堡也遭彻底毁坏，看起来在空中有破坏力。"

在光学方面，达·芬奇研究了双目视野规律，从这一个规律里发现浮雕似的感觉情况。达·芬奇从事借助于距离的、确定光力的实验的初步尝试，虽然没有得出正确的结论，但他关于一方面是水波的扩展，另一方面是声与光的传播的类推，却是令人感兴趣的。他在光学方面还设计过聚光镜、望远镜、烛光幻灯机以及研究过色彩的装置等。

在达·芬奇的笔记中，画有许多化学仪器，诸如曲颈瓶、燃烧炉、蒸馏锅之类。同时他还亲自做过化学实验，有一些化学实验的简单记录。他用图分析过蜡烛的火焰，说明火焰构成的几个部分。

在植物学方面，达·芬奇也以对于分叶法、向阳

性和向地性现象、根株的压挤的研究，大大地超越了当时的植物学家们，另外，达·芬奇还大胆提出了"人和动物大同小异"的观点，这一观点比19世纪生物学家达尔文的进化论学说还早300年。在他的遗稿中，精心绘制有许多植物图画，各种不同形态的植物，以及它们的枝、叶和花生长的过程和植物的规律。他说植物年轮记录了树木生长的年龄，也记录了当年的湿度。

在天文学方面，达·芬奇对传统的"地球中心说"持否定观点，他指出地球不是太阳系的中心，更不是宇宙的中心。众所周知，哥白尼的太阳中心说是在达·芬奇逝世后24年才发表的。达·芬奇认为地球是一颗行星，它以椭圆形的轨道绕太阳运行，太阳本身是不动的。月亮本身没有光，达·芬奇是对所谓月亮的灰色光线作正确阐释的第一个人。他说，地球是一个很像月亮一样的星体，也能反射日光。值得提出的是，他甚至幻想利用太阳能。400多年前的幻想，今天变成了现实。

在地质学方面，达·芬奇早于近代地质学理论家胡顿350年创立了地质学。他认为地球本身带有它自己的历史记录。他发现有些化石动物本应生长在海水里，而现在却在内地的高山上被发现，由此推论说：

巨人时代的巨人　**达·芬奇**

→习作

"这一定有过地壳的变化，山岳升高到新的地位。"达·芬奇关于化石的这种见解，就当时而言是十分大胆的，他断然否定了《圣经》上关于"全世界的洪水"的神话，以及《圣经》上关于世界存在的时间的概念。另外，在他的遗稿里所记录下来的地质地理材料相当丰富广博，表现出他的惊人的观察力。

达·芬奇在军事科学方面的成就更是惊人。有学者推断他的成就已达到第二次世界大战时的水平。他发明了机关枪、坦克车、潜水艇和双层船壳战舰，外层被击中后，仍能浮在水面上。达·芬奇还发明了一种蛙人潜水衣和潜水呼吸器，解决了在水下作较长时间停留的问题。他制造手榴弹，设计圆锥形子弹和榴霰子弹，还计划制作毒气弹和防毒面具。他甚至还可以铸造一座有33个炮身、一次可同时发射11颗炮弹的大炮，并把炮口填装改为炮尾填装。他还设计过军用轻便桥梁、云梯、攻城武器、野炮、臼炮、弩炮、散弹炮、机械船、战舰、炮垒和穿凿隧道等等。

达·芬奇还是飞机发明的先驱者。他设计过各种飞行机械、直升机和降落伞等。在制造飞机之前，仔细地研究了鸟为什么能飞起来，他最早设想的飞机像一只蜻蜓，机翼能扑动。他想用螺旋桨起动，并把它安装在机身上方。据记载，他还制作了滑翔机，并亲自试飞。意

巨人时代的巨人　**达·芬奇**

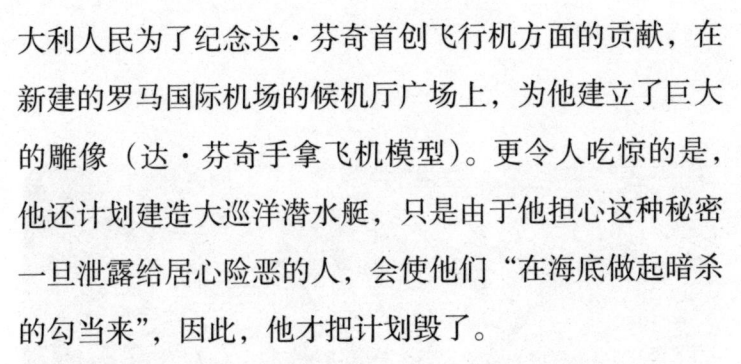

大利人民为了纪念达·芬奇首创飞行机方面的贡献，在新建的罗马国际机场的候机厅广场上，为他建立了巨大的雕像（达·芬奇手拿飞机模型）。更令人吃惊的是，他还计划建造大巡洋潜水艇，只是由于他担心这种秘密一旦泄露给居心险恶的人，会使他们"在海底做起暗杀的勾当来"，因此，他才把计划毁了。

在机械学方面，达·芬奇仔细研究了当时佛罗伦萨工人和手工业者的劳动和劳动工具后，曾设计过一些机器，如擀毡机、剪毛机、纺纱机、织布机、印刷机、卷扬机、抽水机、冶金炉、坩埚炉、钟表、大型挖土机和起重机等。他制作的起重机可以吊起一座教堂。在他的手稿里绘有各种机械图形，早在英国工业革命之前，世界上还没有螺丝刀的时候，他就创造了活动扳手、棘齿轮、千斤顶、绞车、旋车、牵引装置等。另外，他还设计了内燃机、空调装置、计步器、自行车、里程表和湿度表，发明了一种变速传动装置，利用内轮转动慢于外轮的原理，使车子转弯时，可以沿着曲线行驶。

研究家们认为水力学的鼻祖是意大利的克斯铁列，其实达·芬奇在水利工程方面的贡献要早于他一个世纪。达·芬奇设计过开凿运河、修改河道、改良土壤、水库、水闸、拦水坝，以及利用水力作为动力的计划

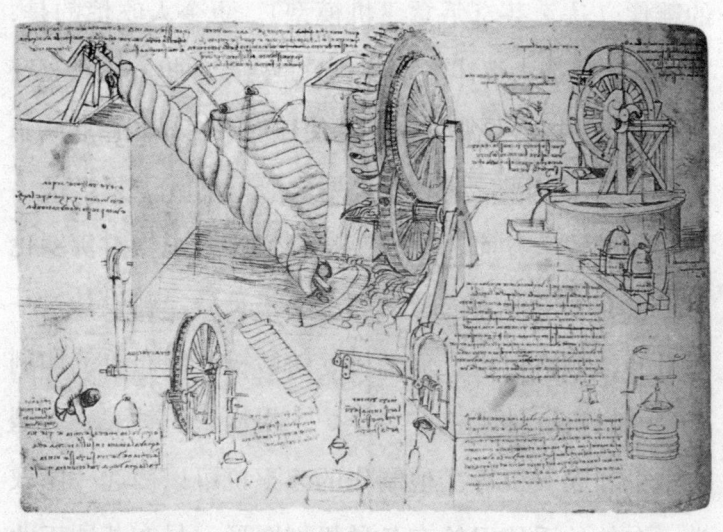

← 开凿运河的机器设计图

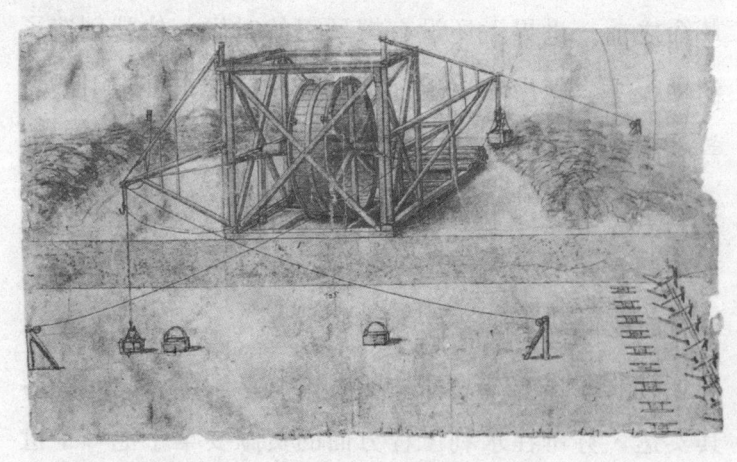

← 运输水的水压机设计图

等。他在米兰还主持过运河灌溉工程的施工工作。他为了疏通亚诺河所设计的施工计划，其水平之高，使人惊叹，即使是现代精良的科技也无法达到他所要求的水准。

在建筑工程方面，达·芬奇留下了大量的建筑图样，从设计城市桥梁、下水道、教堂到宫厅、舞台、剧场，都表现出了他杰出的建筑艺术才华。他仰慕中心型的圆屋顶厅堂结构。在今天意大利、法国留下的古建筑中，究竟哪些是经过他设计和监督建筑的，已经很难区分出来了。他设计并监造了米兰市的护城河，其卓越成就至今仍为专家们所称道。达·芬奇在他的模范城市设计中把街道分为车马道和人行道，并具体规定了房屋的高度和街的宽度，还有平民村的设计。从中看出他的设计和现代城市规划有许多地方是相吻合的。

达·芬奇在自然科学方面的探索和发现，以及他的实验工作方法都为后来的科学家哥白尼、伽利略、维廉·哈维、牛顿等人的发明和创作开辟了道路。达·芬奇因此被誉为"近代自然科学的先驱者"。

达·芬奇是伟大的人文主义者，他倾注了全部创造力推翻了"中世纪的幻想"，创造了积极的、现实主义的美术。在世界科学史上，达·芬奇是全面发展的学者，他无愧于"巨人时代的巨人"的盛誉。

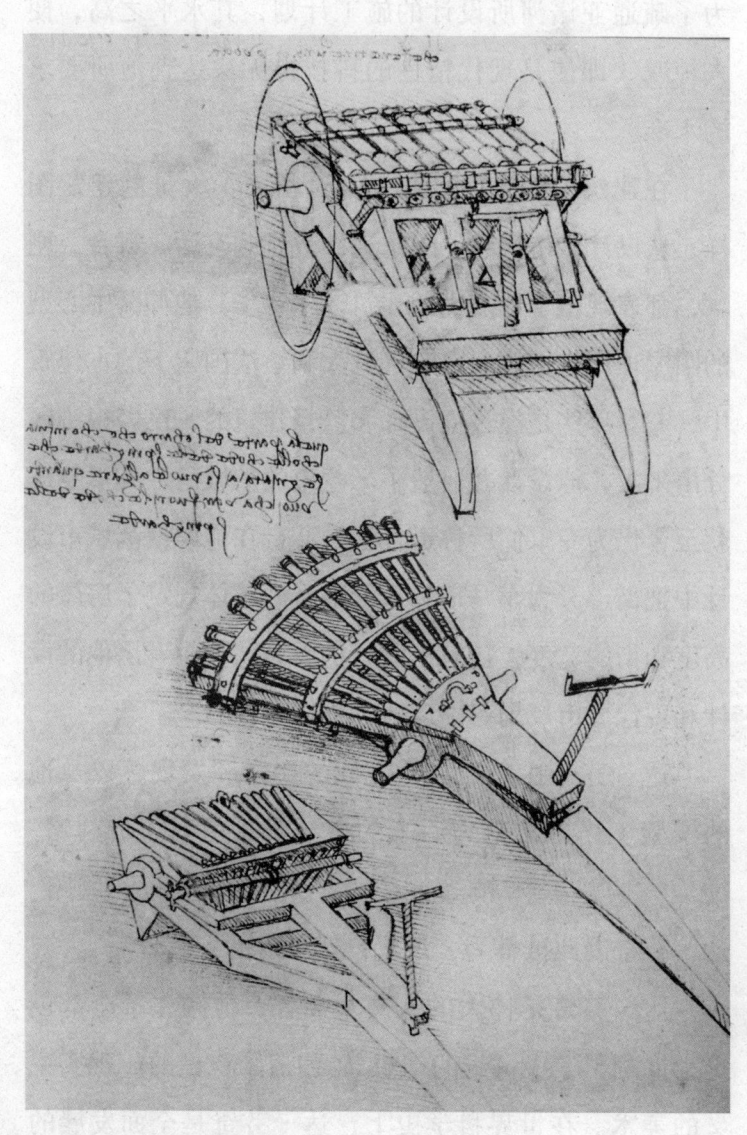

←多弹道枪的设计图（局部）